Nos Jardins de Burle Marx

Coleção Estudos
Dirigida por J. Guinsburg

Equipe de realização – Tradução: Pérola de Carvalho; Revisão de provas: Eliane Levisky e Sérgio Coelho; Sobrecapa: Adriana Garcia; Produção: Ricardo W. Neves e Sergio Kon.

Jacques Leenhardt (org.)

**NOS JARDINS DE
BURLE MARX**

Título do original em francês
Dans les jardins de Roberto Burle Marx

Copyright © by Actes Sud, 1994

Dados Internacionais de Catalogação na Publicação (CIP)
(Câmara Brasileira do Livro, SP, Brasil)

Nos Jardins de Burle Marx / Jacques Leenhardt, (org.); [tradução Pérola de Carvalho]. – São Paulo : Perspectiva, 2010 – (Coleção estudos ; 150 / dirigida por J. Guinsburg)

Título original: Dans les jardins de Roberto Burle Marx.
3ª reimpr. da 1. ed. de 1996.
Bibliografia
ISBN 978-85-273-0093-3

1. Arquitetos paisagistas – Brasil 2. Arquitetura paisagística 3. Jardinagem paisagística 4. Marx, Roberto Burle, 1909-1994 5. Plantas ornamentais I. Leenhardt, Jacques. II. Guinsburg, J. III. Série.

10-00594   CDD-712

Índices para catálogo sistemático:
1. Arquitetura paisagística   412
2. Jardins : Projetos paisagísticos   712
3. Paisagismo arquitetônico   712

1ª edição – 3ª reimpressão
[PPD]

Direitos reservados em língua portuguesa à
EDITORA PERSPECTIVA LTDA.
Av. Brigadeiro Luís Antônio, 3025
01401-000 São Paulo SP Brasil
Telefax: (011) 3885-8388
www.editoraperspectiva.com.br

2019

Agradecimentos

Meus mais calorosos agradecimentos a **Roberto Burle Marx**, Beatriz Berinson e a Janete Ferreira da Costa, que, no Brasil, me ajudaram a preparar este seminário; agradeço igualmente a Véronique Jullian (CCA), Brigitte Navelet-Noualhier (CNRS), Renata Proença (EHESS), que, na França, contribuíram para sua realização e posterior publicação.

Colaborações

Seminário e livro tornaram-se possíveis graças, na França, ao apoio:
– do Ministério da Cultura e da Francofonia: Delegação para Artes Plásticas (FIACRE);
– do Ministério do Equipamento, direção de Arquitetura e Urbanismo: Missão Arquitetura e Arte Urbana, missão Plano Urbano;
– do Ministério do Meio Ambiente: Missão Paisagem;
– da Escola Nacional Superior de Paisagem.

Crestet Centre d'Art convida e hospeda artistas de fora, organiza seminários e encontros interdisciplinares, desenvolve atividades de formação no domínio das relações entre Arte, Natureza, Paisagem e Meio Ambiente.

Dentro desse quadro, realizou-se nos dias 16, 17 e 18 de outubro de 1992 um seminário em torno da pessoa e da obra de Roberto Burle Marx.

Concebido e animado por Catherine Bourty e Jacques Leenhardt, propunha-se esse seminário permitir, mediante a apresentação de um pensamento e de uma habilidade singulares, o encontro entre disciplinas e práticas que hoje interrogam a relação entre Natureza e Arte no tratamento do espaço urbano.

Arquitetos, artistas, botânicos, etnólogos, geógrafos, historiadores, paisagistas, filósofos e urbanistas – com diferentes posicionamentos – trouxeram sua contribuição para os debates. Vivenciaram igualmente a descoberta de um homem e de uma obra cuja materialidade se inscreve, essencialmente, em territórios antípodas dos nossos, mas que nem por isso há de ser menos esclarecedora para todos.

A presente obra, longe de constituir apenas a marca residual de um seminário – no curso do qual intervieram também François Morellet e Pierre Lieutaghi –, é mais que tudo um prolongamento dele: solicitados para manifestarem-se sobre o trabalho de Roberto Burle Marx, os autores dão seu testemunho sobre o caminho percorrido a partir deste encontro no Crestet.

Sumário

PREFÁCIO IX

1. Jardins Possíveis – *Roger Caillois*............................... 1
2. O Jardim: Jogos de Artifícios – *Jacques Leenhardt*......... 7
3. Paisagem, Botânica e Ecologia – *Perguntas a Roberto Burle Marx*.. 47
4. Burle Marx e a Estética da Paisagem – *Jacques Sgard*..... 69
5. Burle Marx e a Concepção Contemporânea do Jardim – *Uma Conversa com Gilles Clément*................................. 75
6. Burle Marx na História da Paisagem Moderna – *Uma Conversa com Arnaud Maurières*.. 85
7. O Eclipse Moderno do Jardim – *Jean-Pierre Le Dantec*... 97
8. Roberto Burle Marx, O Elo que Faltava – *Michel Racine*. 105

ANEXOS 119

Principais Projetos e Jardins Realizados por Roberto Burle Marx... 121
Plantas Descobertas por Burle Marx................................. 139
Nota sobre os Autores 141
Créditos Fotográficos... 143
Bibliografia Seletiva.. 145

Prefácio

Reproduzida milhares de vezes, a imagem das majestosas calçadas da praia de Copacabana instigou-nos com frequência a imaginação. Poucos sabem ainda hoje, no entanto, que seu desenho é obra do pintor e paisagista Roberto Burle Marx. Figura mítica para os especialistas na arte dos jardins, seu nome permanece ligado ao uso das plantas tropicais.

Até o momento não teve o público francês a oportunidade de conhecer em maior profundidade o paciente botânico que foi Burle Marx, nem de medir a importância da inspiração ecológica do paisagista ou a amplitude da obra pictórica dessa grande figura do modernismo.

Faltava, portanto, para além dos chavões que se agarram ao mundo fascinante do Brasil tropical, descrever e analisar o desenvolvimento, a lógica e a originalidade de uma obra amiúde vista erroneamente como exótica. A natureza brasileira, que serve de material de base para Burle Marx, é, sem dúvida, excepcionalmente rica e exuberante. Mas nem por isso o desenho de seus jardins deixa de ser rigoroso e sutil, como se lhe cumprisse ordenar essa natureza excessivamente generosa para levá-la a exaltar-se em belezas e prazeres.

O presente trabalho tenta pela primeira vez empreender uma leitura diversa e atenta dessa obra, situá-la na história da arte dos jardins, relacionando-a com o nosso tempo, quando novas orientações despontam, agora que nossa civilização pós-industrial começa novamente a elaborar uma relação inédita com a natureza e postula novas exigências com respeito à arquitetura e ao urbanismo.

J. L.

1. Roberto Burle Marx, Praça Euclides da Cunha, Recife, Pernambuco, nanquim sobre papel, 1935.

1. Jardins Possíveis[1]
Roger Caillois

Eu buscava um antípoda para a pedra impassível. Não sendo ela nem obra nem ser, cumpria-me descobrir algo que a um tempo vivesse como planta ou animal e fosse concebido, encaminhado, executado em seus menores detalhes pela inteligência, a decisão e a escolha. Algo que houvesse saído de uma semente, que fosse tributário do crescimento e da morte, e no entanto que obra humana fosse, premeditada e realizada como o são os poemas, os quadros, as estátuas. Nada melhor que os jardins para reunir essas opostas condições. Pertencem à natureza viva, são frágeis e perecíveis, sujeitos ao sol e à intempérie, mas meditados e realizados por uma capacidade de conhecer e governar as energias negligentes ou suspicazes.

Em qualquer lugar do mundo, começar um jardim exige de início que um espírito o imagine e, em seguida, que mãos destorroem o solo, que dele expulsem as pedras ou as usem para conter uma terra móbil, irrigada, espiolhada, submetida a comando estrangeiro, feita propícia a uma fecundidade mais sutil. Por isso, em toda a parte, são os jardins raros e parcelares. Seu espaço calculado e conquistado à aridez ou à exuberância, ao passo que florestas ou desertos se estendem sem partilha sobre imensidões que diríamos feitas de propósito para tornar igualmente inoperantes, se não cô-

[1]. Originalmente, "Au rebours de la sève", *Pierres réfléchies*, Paris, Gallimard, 1975, pp. 19-25. Este breve ensaio foi aqui reproduzido graças a amável autorização das edições Gallimard.

micas, as ferramentas do jardineiro – enxada ou podadeira, ancinho ou regador.

Que sinais nos fazem reconhecer um jardim? Já que dependem dos climas, seria de esperar que fossem tão diversos quanto eles. Ora, se existe uma arte dos jardins, ela nos parece singularmente menos variada do que as outras. No final, tudo se reduz, espantosamente, a uns poucos modelos.

Pensando bem, a arte dos jardins é provavelmente a mais ambígua, a mais difícil e ao mesmo tempo a menos apreensível de todas as artes. Afinal, um jardim faz-se apenas com a própria natureza, e no entanto desta se deve afastar por uma ostensiva ou delicada alteração que é o que precisamente o torna jardim e o isola de maneira franca ou insidiosa dentro da extensão que o cerca. Todo jardim é jardim de Circe ou de Armida, isto é, fantasmagoria, a um tempo cantão da natureza e quadro destinado a encantar o olhar ou tapete para acolher e honrar o visitante. Um jardim é doméstico e improdutivo: nem savana (ou tundra ou matagal) nem horta (ou seara, pomar, viveiro de plantas). Nem tampouco terreno vago, que denotaria abandono. Exige muitos cuidados e nada promete em troca, salvo um prazer que o granizo ou a seca ou um excesso de seiva facilmente arruínam.

O jardim instala no espaço rude uma minigeografia bem arrumada, ligeiramente desligada da natureza. O homem o criou não para a sua subsistência, mas para seu deleite. O jardim é inútil e cobiçado: exatamente as duas características pelas quais os que não são artistas facilmente reconhecem as obras de arte. Paisagem inflectida e inserida na paisagem natural ou agrícola. Às vezes fechado por muralhas – enquadramento dos mais indiscretos –, às vezes por uma sebe, um riacho ou uma mudança de declive, em último caso pela nuança, o espesso ou o raso de uma grama plantada, regada, tratada: limite quase ausente, e no entanto ainda perceptível. Tanto é indispensável que se faça aí visível o lugar onde começa a indústria do homem.

Trata-se aqui de conjugar um traçado do espírito com a dotação e o capricho das seivas, uma épura, uma visão – dizia eu há pouco, uma fantasmagoria – com um céu, um solo, acidentes de terreno, com uma hidrografia abundante ou avara. O pintor, sobre a parede ou sobre a tela, compõe à vontade linhas, superfícies e cores. O joalheiro em seu banco, para fazer suas joias, junta, a seu bel prazer, gemas e metais. O escultor e o arquiteto levam em conta a resistência do material, obedecem às leis imperturbáveis do equilíbrio e da gravidade. Uns e outros atuam livremente. Lidam com substâncias dóceis ou rebeldes, mas sempre inertes, que eles manipulam e submetem à sua inspiração. Não precisam temer que elas se rebelem ou se esquivem ou lhes preguem peças. Ao imaginar ou rea-

2. Colina de cactáceas, Parque del Este, Caracas.

3. Jardim *Zen*, templo de Ginkakuji, Kioto.

lizar um jardim, o jardineiro modifica a natureza escabrosa, corrige-a, metamorfoseia-a. Deve calcular, com a fertilidade do humo, com o ciclo das estações, com o regime das chuvas, a data das semeaduras, os ritmos de crescimento e de floração, com as mil perfídias da ecologia. Especula sobre o aleatório.

Ao contrário do artista, o jardineiro não acrescenta um objeto, uma obra aos dados do universo. Transforma em obra uma porção medida da natureza. Isso explica, suponho, por que os estilos da música, da literatura e das artes são tão numerosos, e os dos jardins tão raros a ponto de serem em bem menor número que os de impérios e climas. A ponto de podermos vê-los todos num giro rápido.

Um jardim francês clássico são apenas simetrias e perspectivas, canteiros conjugados e espelhos d'água, buxos esculpidos a tesoura, festões e chafarizes. Tem mais a ver com o desenrolar de uma tragédia de Racine ou o equilíbrio de uma composição de Poussin do que com um simulacro de lugar selvagem. Já a desordem (amestrada) de um parque inglês, com suas cascatas e grutas (artificiais), seus caminhos sinuosos (mas limpos de ervas daninhas), suas misturas (requintadas) de flores turbulentas, propõe uma aparência de candura só possível à custa de muita paciência e engenhosidade. Os italianos da Renascença inventaram os labirintos de teixos e ciprestes, atrativos para a metafísica, o namoro galante e as conspirações. O budismo *zen* circunscreveu breves extensões de pedras e areia, onde apenas o imortal é admitido e de onde, paradoxalmente, os vegetais foram expulsos: quer familiarizar a alma com a serenidade, que é contemplação bem-aventurada do nada. Dentro de um espaço restrito, os japoneses constroem uma miniatura do mundo: uma montanha, um lago, uma floresta, uma planície, um templo e seu minúsculo jardim que não ocupa mais do que uma superfície ínfima, alegórica, no jardim microcósmico que o circunda e onde comparece, por amostragem, a totalidade do universo. Prosseguisse eu neste inventário e ele logo se esgotaria.

Um artista brasileiro, Roberto Burle Marx, alongou a curta lista. Para realizar tal façanha, dispunha, para começar, de prodigiosos recursos, mas havia também que ter a ideia de sair em busca deles e deles tirar o melhor partido possível. Não existia um jardim da voraz, explosiva, esmagadora flora tropical. Ele criou a sua *facies*: maciços densos de limbos e corolas, distribuídos por vastas praias monocrômicas, cactáceas gigantes mais eriçadas que ouriços-do--mar, gaiolas de lianas e raízes aéreas, folhagens envernizadas de anverso esmeralda e ventre de mercúrio; ou o pavês dos epífitos, os quincunces das *Helicônias* como brochetes de andorinhas purpuras, os guarda-sóis das samambaias e palmeiras, a seda verde das bananeiras esfarrapadas pelas ventanias; à sombra deles, os espinhos, os penachos; e mais embaixo ainda, as amídalas, as vulvas, as mucosas de uma flora visceral e pingue. A vida, a fermentação, desdobradas e ávidas como em nenhum outro lugar, crivadas aqui por uma queda de aerólitos que estancam, que petrificam sua prodigalidade: prismas siderais, lanços de falésia serrada, esteias retilíneas e mudas, cujas arestas austeras contrastam com a vegetação réptil. Pedras que alguém começou a esquadrar para alguma muralha ciclópica e arquitetos versáteis ali deixaram plantadas; blocos erráticos, fragmentos de astros, rochedos atormentados por musgos e algas secas ou pela úsnea, quais crânios de caveiras. Atestam a usura e a paciência do planeta. Este é o jardim de um mundo que permanece inacabado graças exatamente à própria falta de medida e ao próprio esplendor.

O que restará depois para inventar se não o jardim ártico, quase imaterial, feito de granizo e gelo, de reflexos de estrelas sobre a geleira flutuante e de planejamentos de luz após uma noite que, de tão longa, fez seu dia cair no esquecimento?

2. O Jardim:
Jogos de Artifícios

JACQUES LEENHARDT

É tentador contar a vida de Burle Marx começando pelo que pode parecer mais exterior à sua pessoa: o Brasil. Filho do Brasil ele o é, com certeza, e por mais de um título. Filho de um país que leva o nome da *Haematoxylum brasiletto*, árvore cuja madeira cor de brasa é procuradíssima desde a mais alta antiguidade e que a Europa importava da Ásia, na Idade Média. Muito contentes ficaram os portugueses ao encontrá-la em abundância quando desembarcaram nas costas da América do Sul. A história de Burle Marx, como a do Brasil, está intimamente ligada à madeira e à floresta, a plantas como o café e a seringueira, que fizeram e desfizeram o destino econômico e social do país, à natureza enfim e a seu aspecto luxuriante.

E no entanto nada caminhou naturalmente nesse encontro com seu próprio país e sua flora excepcional. Quando nasce, em 1909, Roberto Burle Marx vê a luz num país ainda marcado por uma já longa dependência cultural. Tudo o que é bonito e bom vem então da Europa: maneiras, gostos e estilos. Envergonhar-se do que sua própria terra produz é condição *sine qua non* para quem queira manter seu *status* na sociedade do Rio de Janeiro ou de São Paulo. A ninguém, portanto, ocorreria a ideia de que as plantas autóctones pudessem servir para a decoração dos jardins da aristocracia, ainda que Dom João VI, banido outrora de Portugal com a chegada de Napoleão, tivesse, já em 1808, plantado no Rio de Janeiro o magnífico Jardim Botânico que ainda hoje faz a alegria dos cariocas. Em vão a ciência botânica se interessa pelas plantas autóctones, a deco-

4. Jardim de inverno do Itamaraty, Brasília. Composição de calhaus e de *setcreasea* vermelhos. Ao fundo, *vriesea imperialis*.

ração floral dos jardins privados ou públicos só tem olhos para rosas, cravos e gladíolos importados da Europa. Serão precisos, pois, outros incentivos, que não os que emanam do meio local na moda, para que Burle Marx descubra, por seu turno, a vegetação infinitamente variada das diferentes regiões brasileiras.

Nascido em São Paulo de pai alemão recém-imigrado, Burle Marx vinha pelo lado materno de uma família de origem francesa e holandesa já há tempos estabelecida no Estado de Pernambuco, nordeste do Brasil; é também, portanto, um filho da velha Europa. Uma viagem com a família a Berlim em 1928 dar-lhe-á a oportunidade de descobrir o que seus olhos não podiam ver no Brasil, por excessivamente próxima e quotidiana: a flora tropical.

O Jardim Botânico de Berlim-Dahlem acompanhara a moda das estufas quentes para plantas tropicais que florescia na segunda metade do século XIX. O legado erudito do grande Humboldt e de todos os botânicos e viajantes, que, durante o século XVIII, haviam fascinado corte e cidade com seus carregamentos de frutas, flores e animais exóticos, tornara-se, graças à expansão colonial, objeto de uma nova curiosidade popular. As revistas vinham ilustradas com gravuras que reproduziam as maravilhas da natureza amazônica ou africana, e cada cidade fazia questão de construir as mais suntuosas estufas.

Foi desenhando no Jardim Botânico de Dahlem, particularmente rico em flores raras do Brasil, que o jovem Burle Marx descobriu o espetáculo da flora de seu país. Esta sem dúvida deve ter-lhe parecido duplamente exótica, longe de sua terra natal e comportadamente enfileirada dentro de estufas prussianas, ali nimbada, por assim dizer, por uma aura paradoxal.

De volta ao Rio, após ano e meio passado na Alemanha pintando e estudando canto, Burle Marx inscreve-se na Escola de Belas-Artes e inicia uma verdadeira carreira de pintor. Embora a música e a literatura tenham sido as companheiras inseparáveis de seu trabalho, será sem dúvida a pintura que desempenhará o papel mais importante na elaboração de sua arte dos jardins. Na verdade, dos anos vinte aos dias de hoje, Burle Marx jamais deixou de pintar, e o conhecimento de seu trabalho pictórico ilumina de modo esclarecedor suas realizações paisagísticas.

A ONDA MODERNISTA

Por ocasião do seu octogésimo aniversário publicou-se, em 1990, uma importante obra[1], na qual podemos acompanhar a evo-

---

1. L. Coelho Frota e G. de Hollanda, *Roberto Burle Marx, uma Poética da Modernidade* (v. bibliografia no fim da obra).

lução do pintor, evolução já de início marcada por um realismo voltado para a cidade, sua estrutura, seus edifícios e seu povo. Burle Marx inscreve-se, sob esse aspecto, na tendência, fortíssima então no Brasil, que leva a descobrir uma realidade social e cultural tempo demais negligenciada.

O horizonte artístico brasileiro da época é marcado por artistas "modernistas", muito diferentes uns dos outros mas animados por uma mesma vontade de redescoberta do que seja propriamente brasileiro, tais como Lasar Segall, Vicente do Rego Monteiro, Cândido Portinari ou Tarsila do Amaral. Na esteira deles, Burle Marx lança-se a uma pintura onde se mesclam certa atenção expressionista pela cidade e sua população e uma preocupação com a cor local, muito afastada, contudo, de qualquer folclorismo. A complexidade das influências que Burle Marx deixa trabalhar em si faz com que permaneça relativamente à parte no que concerne aos excessos de formalismo engendrados pela onda modernista que rebenta sobre São Paulo graças à Semana de Arte Moderna, em 1922. E no momento em que responde ao apelo dos arquitetos e urbanistas inovadores da época, é em defesa da abertura de um novo campo da arte que seu modernismo prefere exprimir-se.

É então que se afasta de sua maneira de celebrar o objeto ou a personagem, como fazia nos anos vinte, para seguir a lógica da composição que experimentara em suas numerosas naturezas mortas. O ensinamento que recebe da tradição pós-cubista, e da preocupação desta com a organização do espaço, alimentará diretamente seu trabalho que se desenvolve então a serviço dos esboços de jardins.

É mister não nos esquecermos da efervescência cultural do período e sua consequência maior: as disciplinas artísticas são todas elas simultaneamente invadidas por uma necessidade urgente de renovação e interpenetram-se. Burle Marx volta-se então para a música nova e a literatura com continuado interesse. Aprofunda a leitura da obra máxima de Euclides da Cunha, *Os Sertões*, que lhe fornece um verdadeiro documento literário e sociológico sobre o clima, a flora e as populações da região desértica do interior do Nordeste brasileiro. Essa obra, vibrante em sua experiência totalmente nova dentro da literatura, age sem dúvida como uma revocação das teorias sobre o parque ecológico desenvolvidas na Alemanha por Engler, e com as quais Burle Marx tivera contato em Berlim. Revela, dentro de uma perspectiva a um tempo darwiniana e tainiana, um modo de vida próprio do sertão, extraordinariamente integrado aos ritmos da natureza. A linguagem e o pensamento de Euclides da Cunha restituem efetivamente à cultura brasileira o mistério e o tesouro ocultos nas vidas simples,

5. Roberto Burle Marx, estudo para um jardim, pastel, 1929.

6. Roberto Burle Marx, serigrafia e acrílico sobre tela.

difíceis e brutais dos homens que habitam as zonas desérticas do sertão[2].

Trata-se, portanto, de um novo olhar que se afirma através da efervescência cultural modernista em expansão, olhar que não fará tábua rasa do passado mas, ao contrário, tentará apropriar-se dele para construir enfim uma cultura propriamente brasileira.

Já em fins dos anos vinte, trespassado por essas correntes de despertar cultural, Burle Marx começa a desenhar a cidade e os jardins, operários e passeantes, pondo equilíbrio e ordem no fluxo das impressões que o assaltam. Essa preocupação com o controle técnico, bem própria do trabalho artístico tal como ele o concebia na época, permanecerá a marca de toda uma obra e de toda uma vida. Testemunha disso é a maneira como articula estruturas arquitetônicas e massas vegetais já no seu *Estudo para jardim* (Berlim, 1929).

A análise dos esboços traçados, pouco depois de sua volta da Europa, para um jardim tropical em Recife, mostra bem que ele procura explorar, em favor de novos efeitos estéticos, um sistema de correspondências e revocações entre as formas, as cores e as matérias que aprendera a desenvolver no campo da pintura.

Assim é que em seus desenhos, por exemplo, repuxos e palmeiras confrontam-se simetricamente como formas análogas. Da mesma maneira correspondem-se verticalidade e plano, dimensões constitutivas dos eixos da visão humana, mas também verdura e massa de concreto, céu e muros de tijolos ou de azulejos. E porque multiplicam os sinais da presença dos artefatos dentro de um campo destinado à natureza, esses sistemas de oposições reafirmam constantemente a presença da arte no universo poético do jardim. Arte do pintor e concepção do espaço urbano e natural mesclam-se, portanto, logo nos primeiros anos de sua atividade, para construir uma obra que irá fazer o jardim entrar na modernidade.

Na outra ponta de sua carreira, é ainda essa ligação orgânica que retém a atenção, só que desta feita é o paisagista que, poderíamos dizer, exerce sua influência sobre o pintor. Vemos, com efeito, surgir, na obra pictórica dos anos 70, formas impressas sobre tela segundo a técnica da serigrafia. Essas estruturas são esquemas de jardim, mapas gráficos de vias de circulação, arranjos de planos cercados por seus limites. É com base nesses esquemas impressos, por vezes em impressões sobrepostas umas sobre as outras, que se desenvolve num segundo tempo a pintura propriamente dita. Ao fazermos essa distinção entre o esquema serigrafado e o "livre" trabalho do pincel, da mão e do corpo,

---

2. *Os Sertões*, edição crítica por Walnice Nogueira de Galvão, Brasiliense, São Paulo, 1985.

deixamos emergir a ideia de que Burle Marx teria retransposto para a pintura a própria experiência do jardim, experiência marcada ao mesmo tempo pela imposição das caminhadas e a liberdade de evasão do olhar que dá ao corpo uma ubiquidade imaginativa e sensível.

URBANISMO E JARDINS NO RIO DE JANEIRO

A partir do início do século XIX, o Rio de Janeiro fora palco de uma intensa subversão urbanística. Tão logo chegado de Portugal, Dom Pedro mandara vir uma missão de cientistas, engenheiros e artistas franceses. O arquiteto Grandjean de Montigny aclimata o classicismo em matéria de estilo de construção, ao passo que os jardins continuam imitando os modelos europeus, tanto nas formas quanto na escolha das essências. Executam-se conjuntos de canteiros arranjados à francesa ou românticos jardins ingleses. A corte que se instala em Petrópolis julga acrescentar à sua nobreza a aura de civilidade das rosas inglesas e das coníferas europeias no momento exato em que, paradoxalmente, a própria Europa acredita acrescentar à sua civilização a glória que se lhe irradia das colônias colocando um número cada vez maior de plantas exóticas em suas estufas e seus jardins de inverno, como o testemunha a abundância da flora latino-americana no livro de Louis Van Houtte, publicado por volta de 1850, *Flore des serres et des jardins de l'Europe*.

Todavia, em 1858, Auguste François Marie Glaziou chega ao Rio onde se instala na qualidade de engenheiro hidráulico. Seus trabalhos, que lhe dão a oportunidade de viajar por todo o país, fazem-no descobrir a flora brasileira e sua diversidade absolutamente única. Essa revelação apaixona-o a tal ponto que ele passa a organizar viagens e mais viagens interior a dentro, colecionando nada menos que 24 000 espécies para seu herbário. Este, após a volta de Glaziou para a França, será finalmente conservado no Museu de História Natural de Paris. A atividade apaixonada de Glaziou chama a atenção de Dom Pedro II que logo o nomeia seu chefe dos parques e jardins para a cidade do Rio de Janeiro. No novo emprego, Glaziou terá a oportunidade de redesenhar os mais importantes jardins, notadamente os da Praça da República, do Campo de Sant'Ana e do Passeio Público, obra executada por mestre Valentim no tempo do vice-rei Luís de Vasconcelos.

As realizações urbanísticas de Glaziou, e em particular a convergência que nele se concretizava de um saber botânico excepcional e de uma estética de formas precisas embora flexíveis, são da maior importância para compreendermos a gênese da obra de Burle Marx.

No registro do tratamento dos espaços, Glaziou representa, com efeito, uma síntese original das duas grandes tradições então em voga na Europa: o pitoresco do jardim à inglesa e o formalismo do jardim à francesa. Sabe-se que a pintura de paisagem gozava então de uma voga sem precedente, culminando em obras como as de Daubigny ou de Théodore Rousseau. Para eles, a natureza era bela na proporção de sua irredutibilidade a tudo aquilo que o homem pudesse haver inscrito na paisagem mediante o seu trabalho. Os últimos lampejos do romantismo davam ao sentimento da natureza uma conotação "selvagem" que Chateaubriand seguramente não teria rejeitado. Contudo o movimento que, na segunda metade do século XIX, levou todas as categorias de artistas a reivindicar sua autonomia profissional, fizera despontar uma nova exigência: mesmo sendo pretensão do artista eclipsar-se diante da natureza, ainda assim precisava ele marcar com clareza esse eclipse! Em outros termos: o artista deve fazer valer a sua arte e, portanto, torná-la visível. Foi essa necessidade da afirmação de uma mestria, para além das exigências da ideologia do "sentimento da natureza", que impeliu à busca de efeitos que John Claudius Loudon, inspirando-se no termo "pitoresco" outrora empregado por Quatremère de Quincy, qualificou de "gardenesca".

Glaziou parece ter compreendido perfeitamente o sentido dessa síntese entre a presença da forma e o direito da natureza à exuberância. Enriquecido pelo ensinamento de Jean-Charles Adolphe Alphand, mestre dos parques e jardins haussmannianos aos quais deu um novo caráter, como o ilustra o parque dos Buttes-Chaumont, Glaziou traça para os jardins do Rio de Janeiro amplas avenidas que circundam maciços generosamente recortados. Aliás, o que ele desenha para o Campo de Sant'Ana é, poder-se-ia dizer, uma versão francesa do jardim à inglesa, ou vice-versa. Todo o esforço se concentra na legibilidade do desenho geral, legibilidade essa de certa maneira reforçada pelas massas de verdura ou pelos amontoados de enormes rochedos, cujo valor plástico, sem dúvida, Glaziou apreciara contemplando os Buttes-Chaumont, de Alphand.

De toda essa herança, que se caracteriza pela diversidade dos legados que a constituem, Burle Marx saberá extrair uma obra extremamente pessoal na qual se casarão a arte da cor, a geometria e a botânica sob a lei de uma sagaz atenção para com o usuário dos espaços assim criados.

Embora não se possa verdadeiramente falar de "funcionalismo" do jardim, é sem dúvida digno de nota o fato de que Burle Marx sempre tenha tido o máximo de consideração com os destinatários de suas criações. Também nisso acha-se ele indubitavelmente ligado à versão brasileira do modernismo em desenvolvimento nos anos 20. Burle Marx não se vê como um demiurgo que impõe, custe o que custar, suas concepções. Nele sentimos perfeitamente, ao lado do artista, o artesão que sabe submeter-se, não apenas, é claro, à natureza, mas também ao homem, a seu prazer e conforto.

Essa atenção para com o público iria igualmente aproximá-lo dos arquitetos e urbanistas, tendo em vista que seu desejo não era apenas o de compor belos jardins para particulares, mas de trabalhar para todos e, por conseguinte, trabalhar dentro da cidade e para seus parques públicos. Nesse sentido, o encontro com Lúcio Costa, que permanecerá seu amigo por toda a vida, foi determinante.

Muito jovem ainda, Lúcio Costa fora nomeado professor da Escola de Belas Artes do Rio de Janeiro. Logo nos anos 30, consequentemente, confia ele a seu aluno Burle Marx sua primeira encomenda: o jardim da casa de Alfredo Schwartz que ele então construía com Gregori Warchavchik. Costa e seu associado eram fervorosos adeptos de Le Corbusier e, em 1936, quando Costa ganhou o concurso do novo Ministério da Educação e Saúde, tem a felicidade de poder associar o próprio Le Corbusier à concepção definitiva de seu edifício. Mais uma vez é a Burle Marx que ele chama para juntar-se à equipe, que, a partir de então, conta também com Oscar Niemeyer, outra figura essencial da arquitetura brasileira, e com quem ele igualmente trabalhará repetidas vezes.

De volta do Recife onde lhe haviam confiado os parques da cidade, Burle Marx é encarregado de desenhar dois jardins para o edifício de Costa e Le Corbusier: um no chão, nos espaços liberados pela acentuação da verticalidade aconselhada por Le Corbusier, o outro, que fazia parte do projeto original, situado sobre o telhado da ala baixa (dois andares) do edifício principal que tem dezoito. Burle Marx desenha então pela primeira vez uma composição de formas arredondadas que se encaixam umas nas outras, lembrando um grande quebra-cabeça orgânico em que cada elemento é, por seu turno, constituído de novos encaixes, obtidos desta feita não pelo recorte das formas mas pelo próprio jogo das espécies plantadas.

É do alto dos andares do Ministério que melhor discernimos esse desenho. Hoje, infelizmente, só as grandes massas desenhadas por Burle Marx continuam legíveis. Chegamos, no entanto, a conhecê-las graças a um guache sobre cartolina, de 1938, que bem demonstra o papel desempenhado por seu talento de pintor na apresentação de seus projetos. Em compensação, as plantações propriamente ditas estão irreconhecíveis, resultado do pouco cuidado que lhes foi dispensado. O inter-relacionamento das essências escolhidas e sua alternância, o contraste das vegetações altas e baixas, bem como as oposições de coloridos e suas revocações de uma forma para outra, tudo isso desapareceu.

7. Campo de Sant'Ana, Rio de Janeiro, 1873-1880, realização de Auguste François Marie Glaziou.

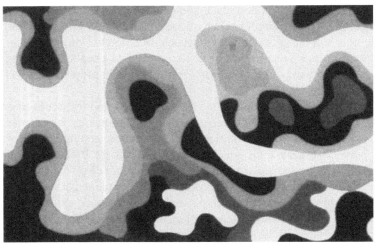

8. Roberto Burle Marx, projeto para o Ministério da Educação e Saúde, guache sobre cartolina, 1938.

Testemunho da intenção original de Burle Marx, o guache já de entrada surpreende pela ausência quase completa da cor verde. O artista parece querer oferecer aos usuários do Ministério uma autêntica pintura abstrata, pintura para ser contemplada, sim, mas pela qual também nos seria possível passear.

DISTÂNCIA E CONTEMPLAÇÃO

Essa atenção para as formas, que poderíamos chamar de "o formalismo" de Burle Marx – não fosse aqui esse termo proscrito, dada a ideia que veicula de busca da forma pela forma – desenvolve todos os seus efeitos numa obra muito mais tardia, mas vizinha no espírito: o jardim em terraços do Banco Safra de São Paulo (1982). Obrigado pelas condições técnicas a lidar apenas com pequenas porções de terra vegetal e, por conseguinte, a pouco utilizar o vegetal, Burle Marx optou por um jardim mineral, acentuadamente desenhado em toda a sua superfície. Para tanto, utilizou grande variedade de cascalhos, lajeamentos de pedra ou de cerâmica, seixos de rio, pozolanas etc. A rara vegetação ali plantada não constitui, portanto, senão um fino reticulado de pontos de focalização verdes, instalados em tinas de concreto que sublinham as curvas do desenho de conjunto ou oferecem ao olhar elementos de verticalidade quando necessário.

O que mais surpreende na concepção desse jardim é que o visitante, aparentemente guiado pelas linhas do desenho numa espécie de passeio imposto, na verdade passa seu tempo transpondo os "caminhos" desenhados pelos materiais. Duas lógicas, portanto, solicitam alternativamente ou contraditoriamente o passeante. Uma que desejaria obrigá-lo a seguir o percurso desenhado pelos materiais, a outra que quer que o corpo estabeleça seu próprio itinerário dentro do espaço, em função, não dos traçados no solo, mas dos elementos que atraem o olhar conforme o jogo das cores ou das sombras. Na verdade, esse espaço propõe uma experiência bastante singular no tocante à liberdade de sentir e mover-se, experiência que sem dúvida constitui um dos encantos mais característicos do jardim.

À sua maneira, o projeto de composição do Parque do Ibirapuera (1953), gigantesco conjunto onde estão situados os prédios da Bienal de São Paulo, construídos por Niemeyer, e do Museu de Arte Moderna, nasce de idêntica preocupação. Infelizmente jamais realizado, esse projeto compreendia uma passarela suspensa, destinada a dar ao passeante uma visão deslocada em relação ao desenho dos maciços florais. Far-se-ia a circulação segundo um percurso que iria dar a impressão de um passeio pela superfície de um quadro constituído pela zona plantada, três metros abaixo.

Essa maneira de colocar no espaço o duplo registro estético da experiência do corpo e da percepção visual constitui, sem dúvida, uma das características mais profundas da concepção burle-marxiana do jardim. A riqueza da experiência estética de um espaço no qual o passeante se desloca implica, com efeito, que se entrechoquem, em sua consciência e em seu corpo, os diferentes níveis de sua percepção. Como no teatro, é mister que ele se sinta parte integrante do espetáculo, ser vivo entre seres vivos, mas é preciso dar-lhe também, ao mesmo tempo e contraditoriamente, o sentimento de que assiste "ao espetáculo", isto é, está ante o evento e exterior a ele, numa relação de distanciamento como queria Bertolt Brecht. O duplo registro da visão e da experiência do corpo constitui, portanto, em seu caráter paradoxal, o próprio fundamento de uma verdadeira estética da paisagem e do jardim.

VERTICALIDADE E HORIZONTALIDADE

A experiência do jardim é toda ela feita de ritmos. Como experiência do corpo, põe evidentemente em jogo a própria estrutura do corpo: sua verticalidade. O Homem na natureza e, por conseguinte, no jardim, é sempre uma vertical móvel que se desloca em relação a uma horizontal fixa. A linha do horizonte é, de fato, imposta pela própria estrutura do espaço, salvo no caso particular das paisagens de alta montanha, muito solicitadas pela pintura romântica e pela pintura chinesa. Ao contrário da horizontalidade "natural", a verticalidade é necessariamente um efeito do artifício. Por artifício, entendo a capacidade de enquadramento da paisagem, que se impõe quase espontaneamente ao passeante, como se impõe ao fotógrafo, mesmo quando amador.

E ainda artificialidade é a arte do paisagista que "constrói" sua verticalidade com base em elementos vegetais tais como, exemplarmente, a palmeira. Ao mesmo registro pertencem ainda as construções sobre as quais serão plantados vegetais que se satisfazem com pouca terra. De acordo com o espaço de que dispõe e a natureza dos materiais que constituem o meio ambiente, Burle Marx aproveitará assim um muro preexistente (Banco Safra), ou ele próprio providenciará a construção de um (Parque del Este, Caracas).

Vários foram os estratagemas inventados por Burle Marx para forçar o olho a levar em conta a verticalidade. Quando necessário, não hesitará em construir estruturas metálicas nas quais pendurará cascatas de Bromeliáceas. Belo exemplo disso temos no jardim da Petrobrás, no Rio, ou ainda em sua própria casa, no Sítio. A fim de repetir, nos terraços que prolongam a varanda, as verticais dos pilares que lhe sustentam o telhado, instalou estruturas de tubulações

9. Coluna de *Philodendrons*.

metálicas que, uma vez recobertas de plantas, podem igualmente ser vistas como esculturas vegetais.

A verticalidade não é, pois, atribuição exclusiva do vegetal, ainda que a palmeira sempre tenha sido, para Burle Marx, um elemento indispensável em seus jardins. Simples blocos de pedras, eventualmente recuperados de demolições, e mesmo esculturas de concreto, podem igualmente incumbir-se da tarefa. Até mesmo as esculturas de cerâmica do artista nordestino Miguel Santos servem, no Sítio, para afirmar a relação do jardim com a abóboda celeste, para lembrar que o homem tem os pés na terra e a cabeça na poesia das nuvens.

Além da dimensão da verticalidade, também a nossa estatura define o espaço de nossa percepção, e isso mediante as relações de proporção por ela determinadas. Assim, se o olho vê de modo contínuo o que está muito próximo e o que está muito longe, sem que sua visão mude de natureza emocional, já é de maneira inteiramente diferente que nosso corpo experimenta um espaço restrito, na sua medida, e um espaço aberto ao infinito. A qualidade emocional dos espaços varia, pois, consideravelmente conforme nos situemos em espaço fechado ou aberto, segundo a análise de Bachelard em sua *Poétique de l'espace*. O domínio dessa relação de escala entre o corpo e o espaço é um elemento essencial na concepção do jardim, fato de que nos damos conta sobretudo quando a dimensão dos espaços trabalhados é tal que chega a pôr em risco essa justa proporção.

Burle Marx dá uma boa medida de sua capacidade de dominar a questão na concepção do parque público de Caracas (Parque del Este Rómulo Bétancourt, 1958). De fato, ele compõe ali locais fechados, locais de repouso para o olhar e para o corpo, criando espaços circundados por construções fortemente coloridas sobre as quais se destaca a vegetação. Em outros lugares, constrói muros que reveste de azulejos, aqueles ladrilhos de cerâmica de tradição portuguesa.

ABRASILEIRAR A CULTURA

O Brasil desenvolvera à sua maneira uma indústria da ladrilhagem que encontramos presente ao longo de toda a sua história da decoração. Artistas importantes como Cândido Portinari haviam utilizado extensivamente o ladrilho pintado em construções de concepção moderníssima como o famoso Ministério da Educação e Saúde. Oscar Niemeyer ainda fará uso dele para a capela da Pampulha em 1942.

Burle Marx estava muito próximo de Portinari, um de seus mestres na Universidade Federal do Rio de Janeiro. Como pintor, seguira, nos anos trinta, uma evolução que o aproximava da versão moderna da figuração à qual Portinari dera uma dimensão "nacional" com seus grandes afrescos. Via-se ali a influência de Picasso retrabalhada, como nos muralistas mexicanos, dentro de um espírito que visava a construir enfim uma tradição artística especificamente brasileira e latino-americana.

A recuperação das tradições populares ocupava todos os espíritos nos anos 20 e 30. Quer tentados por um modernismo formal, ou desejosos de dar à figuração uma autoctonia que a influência europeia de há muito tornara difícil, todos os artistas buscavam "abrasileirar" a arte. Burle Marx vai então pelo mesmo caminho, não só em sua pintura mas também em sua atividade de pesquisa botânica que o leva à descoberta da flora autóctone. Por fim, muito apegado às tradições da arte popular e, em especial, à cerâmica do Nordeste de que será um fiel colecionador durante toda a vida, também incorpora a suas composições paisagísticas esculturas do artesanato popular. Desenhará igualmente azulejos de traçado abstrato, próximos por vezes da estética de Kandinsky, e nos quais, mais uma vez, se casam as primeiras tradições do artesanato rural e a estética modernista.

Decoradas ou não, essas construções pertencem a um conjunto de meios que Burle Marx utiliza para dinamizar e humanizar o espaço. A maneira das "fábricas" que ornamentavam os jardins do século XVIII, muros, pérgulas, e mesmo esculturas constituem pontos de referência para o olhar, desenham espaços proporcionais à estatura humana.

Não pertencem, contudo, ao registro romântico que encontramos no Deserto de Retz ou nos quadros de um pintor como Hubert Robert. Mesmo quando acontece de Burle Marx reempregar materiais de demolição, como no caso do Sítio, propriedade onde mora a quarenta e cinco quilômetros do Rio, de maneira alguma tais construções derivam de uma poética das ruínas. Trata-se, muito pelo contrário, de salvaguardar materiais trabalhados e como tais, portadores de uma história que o frenesi de destruição imperante em toda sociedade em desenvolvimento não tem o cuidado de conservar. No local, tais construções, feitas de blocos de granito pertencentes a edifícios do século XIX, constituem suportes de verticalidade para as plantas e quadros espaciais para o olhar. De fato, como vimos, Burle Marx está sempre muito atento para não deixar que o jardim obedeça à lei natural do solo e do horizonte. Finalmente, essas estruturas, que pontuam o espaço, são por vezes simples amontoados de blocos de pedra, verdadeiros "caos" como aqueles outrora utilizados por Glaziou, e a que Burle Marx volta a recorrer no Parque del Este.

10. Residência Gustavo Cisneros, Caracas.

11. Jardins e pátios internos da residência Cândido Guinle de Paula Machado, Rio de Janeiro.

FUNÇÕES DA HETEROGENEIDADE

No entanto, além da necessidade que tem o paisagista de encontrar os meios que marquem o espaço horizontal com elementos que forçarão o olhar para o alto, cumpre notar que a intervenção dessas "fábricas" de um novo estilo tem igualmente por função despertar o olhar para a paisagem mediante a importação do que lhe é estrangeiro. Burle Marx levou muito longe esse princípio. Os fragmentos de arquitetura bancária inglesa em seu jardim são um exemplo extremo da vontade de tornar o local visível com base no não local. O mesmo ocorre com aqueles seixos de rio que ele reúne em rigorosos cercados, junto ao Museu de Arte Moderna do Rio, em casa dos Cisneros em Caracas ou ainda em sua própria casa. Esses elementos heterogêneos são outras tantas referências deslocadas que "distanciam" os elementos autóctones da paisagem e os dinamizam, dando-lhes por vezes uma dramaturgia apta a sustentar o poder natural do ambiente.

ARTE POVERA, *LAND ART* E ARTE DOS JARDINS

A utilização dos materiais brutos como os rochedos, naturais do lugar ou importados, ou ainda os simples volumes de concreto concebidos pelo próprio Burle Marx, e que portanto derivam da escultura (Ministério das Forças Armadas, Brasília, 1970), estabelecem uma relação inesperada com a arte minimal dos anos sessenta. Burle Marx seguramente não refletiu sobre seu próprio trabalho de artista plástico dentro das categorias utilizadas pelos artistas da *Arte Povera* ou pelos do minimalismo. Estes últimos, com efeito, partiam de uma problemática do material e do objeto derivada de uma reflexão sobre o espaço da galeria e do museu. No entanto, não é por acaso que a partir de tais premissas, eles também se vissem frequentemente levados a apelar para os materiais naturais brutos e a utilizá-los, de início em espaços tradicionais como as galerias, depois em lugares estranhos à instituição e por fim, simplesmente no ambiente "natural".

Os desdobramentos do minimalismo dentro da *Land Art* testemunham, no entanto, a convergência das preocupações formais e materiológicas (como diria Dubuffet) dentro do movimento que, nos anos sessenta, aplicará um duro golpe na pintura de cavalete.

A articulação de uma estética do material – terra, pedra, carvão, gesso, areia etc. – e de uma nova concepção do espaço da obra, espaço que busca libertar-se das limitações das paredes da galeria, introduzia, de fato, um novo tipo de relação entre o espectador e a obra. Tratava-se de apelar de novo para uma sensibilidade que fora de certo modo "atrofiada" ou "reduzida" pela relação frontal tradicional imposta pela contemplação do quadro a partir do ponto fixo estabelecido, desde a Renascença, pelo sistema de representação em perspectiva. O espaço institucional dessa percepção fora a sala do museu ou a galeria, na qualidade de dispositivo de encenação para o quadro e codificação da relação do espectador com esse quadro. As novas possibilidades que os artistas da *Land Art* buscavam explorar, em termos de local e de experiência sensível do espaço, eram de fato as mesmas que constituíam o cerne da pesquisa de um paisagista como Burle Marx.

De maneira geral, diremos, pois, que os anos sessenta designam o espaço aberto da natureza e o do jardim como um cacife essencial. A bem dizer, o jardim constitui uma forma de situação limite no que respeita a uma problemática da *Land Art*. Por isso mesmo, o jardim é um espaço artístico que testemunha a rede de relações estéticas que pouco a pouco se foram tecendo entre *Arte Povera*, *Land Art* e arte da paisagem. Gilles A. Tiberghien, em seu trabalho sobre a *Land Art*, resume essa relação da seguinte maneira:

> Uma das funções primordiais da arte foi a de esquematizar o nosso olhar, fornecer-lhe uma forma da representação da natureza, variável segundo as épocas e culturas, que determina nosso julgamento estético. Sob esse ponto de vista, podemos considerar o jardim como uma 'aplicação' desses esquemas, que um certo número de artistas da *Land Art* não fizeram mais que trazer de volta sob outras formas, mas dentro de uma perspectiva inteiramente clássica. O que, de certo modo, é verdade, no que tange a Nancy Holt, a Christo, a Walter de Maria, aos primeiros trabalhos efêmeros de Heizer e de Jan Dibbets ou às fotografias de Richard Long[3].

Um simples olhar ao papel desempenhado pelo jardim japonês nessa história é suficiente para convencer-nos de que entre a arte dos mais criativos jardineiros dos anos 40 e 50 e a *Land Art*, as passarelas são numerosas[4].

3. Gilles A. Tiberghien, *Land Art*, Paris, Carré, 1993, p. 199.

4. Cabe observar que embora os universos institucionais da *Land Art* e do paisagismo tenham permanecido muito estanques, no plano teórico esses domínios foram, com frequência, integrados numa mesma reflexão. Assim se refere Smithson ao paisagista Olmsted, autor do plano do Central Park de Nova York: "Encontramos os esboços de uma dialética da paisagem nas teorias de Price e Gilpin, bem como na maneira como Olmsted a elas reage. [...] O pitoresco, longe de ser um movimento próprio do espírito, fundamenta-se na realidade da terra real; precede o espírito, visto que existe materialmente no exterior. É-nos impossível, segundo essa dialética, ter uma visão unilateral da paisagem. Um parque não mais pode ser visto como uma "coisa em si" mas deve ser considerado como o processo de interrelações incessantes em atividade dentro de uma região física. O parque torna-se uma coisa para nós." Robert Smithson: "Frederick Law Olmsted and the Dialectical Landscape", in *Artforum*, fevereiro de 1973, reproduzido e traduzido em *Land Art*, de Gilles A. Tiberghien, *op. cit.*

Robert Smithson propôs-se descrever a relação com a escala espacial baseando-se em duas noções antitéticas: o local e o não local. Tentava, com isso, tomar a medida do desmesurado, isto é, conscientizar-nos da brecha que separa o homem situado no espaço, com o qual sua consciência tem uma proporção, e o mundo infinito. Tudo o que nossa percepção e nossa memória podem gravar e tornar propriedade delas é, portanto, "não Local", de certa forma uma abstração, pois o mundo de verdade é a um tempo infinitamente grande e infinitamente pequeno demais em comparação com o que dele podemos e sabemos perceber. A propósito do sentido de seu procedimento, dizia ele: "Existe um ponto central que é o 'não local'; o local é a ourela imprecisa onde toda referência intelectual é abolida e onde, metaforicamente falando, domina uma impressão de abismo oceânico".

Tudo que está em poder de nossa vontade de domínio é pouco comparado à dimensão do mundo. Só conseguimos apreender realidades não situadas, arrancadas à escala do mundo pela limitação de nossas concepções. Por trás dessa argumentação ouvimos ressoar a famosa frase de Pascal, de quem Smithson era, como se sabe, fervoroso leitor[5]. Mais uma vez vê-se o artista confrontado com os espaços infinitos e a questão do seu lugar, e consequentemente com a de seu trabalho, dentro dessa imensidão.

A questão atua, aliás, com toda a evidência, em ambos os níveis, no do espaço real e no do sentimento metafísico da perda na imensidão. Smithson afirma com frequência que se apenas o local é real, apenas o "não local", isto é, o vestígio que dele se manifesta na obra de arte, é de molde a fazer-nos apreender algo do local, sua ausência talvez, ou melhor, sua evanescência ou, como ele próprio o diz, sua "evaporação".

O JARDIM, JOGOS DE ARTIFÍCIOS

Um dos temas a abordar em tal questão seria sem dúvida o da artificial idade do jardim. Nisso, com efeito, o jardim aproxima-se da obra de arte, sobretudo se, como em Burle Marx, essa artificialidade aparece constantemente sublinhada pelo emprego de formas consideradas geométricas e, portanto, pouco naturais. Nesse sentido, a forma do cristal de rocha jamais deixou de interessar filósofos e artistas. Burle Marx faz uso dela, principalmente para os blocos de concreto que dispôs sobre o espelho d'água engastado no jardim do Ministério das Forças Armadas, em Brasília. Sabe-se que Tony Smith, Donald Judd e outros artistas do minimalismo e

---

5. Cf. seu artigo "A Museum of Language in the Vicinity of Art", onde comenta *Portend*, de Ad Reinhardt, *The Writings of Robert Smithson*, p. 73.

da *Land Art*, e naturalmente Robert Smithson *(Granit Crystal*, 1972), também se valeram da forma ambivalente do cristal de rocha, que por si mesmo constitui um oximoro para um sistema de percepção e de pensamento acostumado a estabelecer oposições entre natural e geométrico.

Há ainda um ângulo sob o qual o jardineiro-paisagista e o *land-artist* se encontram: o da temporal idade. Um jardim não é tão efêmero quanto evolutivo, embora a desaparição por falta de cuidados de numerosos jardins de Burle Marx e outros paisagistas chame nossa atenção para essa característica essencial. O jardim necessita cuidados ao longo do tempo e exige do artista tanto previsão como acompanhamento, pelo menos quando possível. O mesmo ocorre com as grandes instalações *in situ*, as que organizam espaços públicos como as recuperações de áreas industriais abandonadas que foram por vezes confiadas a artistas para que estes lhes suturassem o semblante ferido.

O fato de que certos artistas aceitam encomendas de recuperação de baldios industriais, com frequência pedreiras abandonadas, orienta naturalmente suas realizações na direção do trabalho de paisagistas como Burle Marx, ainda que seja seguramente imprescindível medir as diferenças, quer na atitude quer na realização. Cumpre notar a respeito que alguns dos que foram solicitados dentro desse espírito encaravam com olhos cépticos a instrumentalização de seu trabalho por sociedades de exploração, de per si pouco preocupadas com o meio ambiente[6].

As qualidades tácteis dos minerais quase sempre surgem, nos jardins de Burle Marx, em pé de igualdade com as dos vegetais. Esses minerais, sem dúvida, fazem ocasionalmente parte do lugar. É então, em suas anfractuosidades, que Burle Marx colocará plantas, como se estas se achassem ali naturalmente. A escolha do seixo, com suas formas redondas que convidam as mãos a tocá-lo, acariciá-lo, induz um clima de intimidade que outras qualidades de rocha tenderiam, ao contrário, a evitar. Em compensação, esses minerais podem, alhures, desempenhar um papel mais estritamente visual, quase teatral. Como ensina a tradição chinesa, a natureza fornece os elementos de uma verdadeira dramaturgia do rochedo.

No entanto, embora muito cuidadoso no preparo de seus canteiros, não é sempre que Burle Marx faz com que sua intervenção seja precedida por um plano maduramente preestabelecido. É

---

6. Cf. Robert Morris quando este considera que seria um erro acreditar que "os artistas financiados para trabalhar em paisagens industriais devastadas deveriam optar necessária e invariavelmente por transformar tais sítios em lugares idílicos e pacificados, com isso também recuperando socialmente os que depredaram a paisagem" (citado por Gilles A. Tiberghien, *Land Art, op. cit.*, p. 119).

12. Restos de Mata Atlântica cercados por plantações de eucaliptos, Espírito Santo.

quando mergulha diretamente na vegetação natural, tal como esta se apresenta no lugar, para a pouco e pouco impor-se a ela. Foi assim que procedeu para a residência de verão de Nininha Magalhães Lins, no Rio de Janeiro. Para ele, que intervinha no que resta da Mata Atlântica, floresta da costa atlântica do Brasil caracterizada pela variedade das essências reunidas num espaço reduzido, a tarefa consistia em pôr em ordem toda essa exuberância. Cumpria realçar os elementos marcantes já presentes, começando pelo rio que ele se empenhará menos em dominar do que em "desenhar". O tratamento por ele proposto vai simplesmente marcar o desnível mediante uma sequência de pequenas cascatas, criando sucessivos espelhos d'água. Acompanhadas por vezes de pequenos muros de pedra, essas represas dão ao paisagista a oportunidade de contornar distintamente para o olho certas superfícies plantadas.

Sob esse aspecto, a técnica jardineira de Burle Marx consiste, o mais das vezes, em não misturar as essências num dado espaço. É, portanto, em massas que ele organiza à beira-rio os seus *Crinum asiaticum* ou os seus patamares de *Bromelia vriesea* sobre amontoados de rochedos.

Como pano de fundo dessas zonas tratadas com muito cuidado, Burle Marx deixa a floresta em seu estado original, criando assim um novo contraste, às vezes sublinhado por uma abundância de orquídeas epífitas *(Dendrobium nobile)* penduradas ao tronco de um espécime mais importante. Toda a arte reside aqui no arranjo das oposições de massas e cores. Ao mesmo tempo que sublinham a verticalidade de um tronco, as orquídeas destacam-se sobre um fundo verde escuro de *Philodendron* trepadeiras a cuja massa dão mais leveza.

ESPELHOS DO CÉU

O domínio das superfícies aquáticas é, sem dúvida, um dos segredos de Burle Marx. Não é preciso lembrar a importância que elas sempre tiveram na concepção e no tratamento dos jardins. Da Antiguidade à Vila d'Este, a Versalhes e até nossos dias, bacias, charcos, espelhos d'água, repuxos e fontes, estiveram sempre carregados não só de símbolos mas também de funções. A água é a vida, mas é também o ruído de seu jorrar, a luz do céu que ela capta e devolve de sob as copas, espelho da natureza cuja imagem recebemos invertida.

Por fim, e para Burle Marx esta última função seguramente não é a menos importante, a água constitui um meio úmido ou aquático conveniente para a flora amazônica. Sempre que possível, portanto, ele utiliza o espelho d'água como lar botânico. Quem já não observou com que prazer ele instala, em espaço muito aberto que convém a sua expansão suntuosa, as *Victoria amazônica*, essas Ninfeias gigantes que ele se sentiu tão feliz de encontrar, em meio a tantas outras espécies brasileiras, nos jardins Marnier-Lapostolle em Saint-Jean-Cap-Ferrat? Aliás, tão logo se apresenta a possibilidade, Burle Marx cria um jardim aquático no qual poderá realizar verdadeiros "quadros vegetais" como em Vargem Grande, sem dúvida às vezes pensando na frase atribuída a Monet: "Giverny é o meu mais lindo quadro".

Frequentemente o paisagista-jardineiro confronta-se com a exiguidade do espaço disponível. Uma escada ou uma cascata arranjada verticalmente poderão, quando apoiadas a um muro, criar um efeito de profundidade em locais onde ele não dispõe de mais que alguns metros. O espelho cambiante da água, que se derrama qual manta de luz, cria, sob esse aspecto, um ponto luminoso que abre uma perspectiva para o olhar. Esta é uma das sutilezas de que Burle Marx se vale em certas circunstâncias, mostrando-se especialmente atento à perfeição do lençol d'água. A massa líquida que cai cintilando transforma-se, ao atingir a bacia em que se precipita, numa efervescência que irisa a superfície plana da água. Aí, como acontece no jardim da residência Cisneros, uma profusão de plantas aquáticas dispostas ao redor, suavizam a turbulência produzida pela queda. Nessa bacia exígua e pouco profunda, uma dupla fileira de pequenos repuxos cria sutilmente, quando muito aflorando o nível d'água da bacia, uma inesperada impressão de espaço.

As bacias compostas por Burle Marx, quando não são bacias naturais, quase sempre ostentam formas geométricas fortemente acentuadas. Linhas retas, frequentemente quebradas, determinam suas margens às vezes levemente arredondadas nos ângulos. Sob esse aspecto, o exemplo mais notável é a *praça triangular* concebida para o Ministério das Forças Armadas em Brasília. As esculturas de concreto, bem como o obelisco que se perfila ao fundo, repetem, na estrutura piramidal, a forma geral do jardim desenhado em triângulo.

A utilização estética dos espelhos d'água não poderia, todavia, limitar-se a seu recorte. Burle Marx vale-se de suas bordas para nelas encostar, aqui um muro contra o qual ele planta uma platibanda de *Canna glauca* (fazenda Vargem Grande), acolá um maciço de arões gigantes *(Typhodorum lindleyanum)*, quebrando a linearidade das margens.

A rica flora aquática do Brasil permite-lhe semear assim de platibandas imersas os espelhos d'água criados. Frequentemente ele conserva-lhes as formas geométricas tão do seu agrado, delimitando dessarte com precisão as zonas de vegetação que emergem à

13. Jardins e esculturas para o Ministério das Forças Armadas, Brasília.

superfície da água. Em outros lugares, utiliza também esses espaços imersos, mas criando um contraste com outras platibandas que os ladeiam, à flor d'água. Isso lhe permite opor diferentes espécies, aquáfilas ou não, que juntas se refletem no espelho das bacias. As que cercam o Ministério do Exterior, em Brasília, dão a medida exata dos recursos que esses arranjos permitem explorar visando a uma infinita variedade visual.

COMPONDO O ESPAÇO

Por vezes nos supreendemos ao constatar que Burle Marx não teme quebrar o que poderia aparecer como a harmoniosa desordem de seus jardins pelo emprego de linhas ou de formas brutalmente geométricas. Não há sem dúvida qualquer sistematicidade em tais procedimentos, mas ao que parece é nesses contrastes que ele encontra uma maneira de marcar, em espaços amiúde muito reduzidos, a força do ordenamento em luta com a força da natureza.

Essa necessidade de imprimir um toque de artifício no espaço "natural" do jardim assume ainda várias outras formas. A título de exemplo, consideremos o jardim de Bromeliáceas a que se reservou um espaço especial no interior do plano geral do parque da imensa fazenda Vargem Grande. As plantas acham-se ali instaladas como que em mostruários, construções de pedras da região semelhando um embrechado erguido como obra de alvenaria. Isso permite a Burle Marx criar platibandas concêntricas, espécies de pirâmides de degraus com seção circular, que oferecem um conjunto de andares em escada visualmente impressionante. Além do mais, graças a essas construções que às vezes atingem três metros, deu-se ele a possibilidade de bloquear uma perspectiva em pano de fundo de pouco interesse ao mesmo tempo em que teatralizava excepcional coleção de uma de suas plantas mais queridas: a *Vriesea imperialis*.

Não há como detalhar todos os meios postos em ação para criar a impressão, sempre instável, de que o visitante, ao mesmo tempo em que está na natureza também está dentro de uma obra de arte. A forma mais radical que essa vontade de marcar o jardim como artifício pode assumir talvez se ache realizada no jardim concebido em 1954 para a casa de Edmundo Cavanellas, perto do Rio de Janeiro, e cujo arquiteto era Oscar Niemeyer. A vontade do paisagista de travar um diálogo com a arquitetura é aqui evidente. Burle Marx intervém junto de uma grande construção das linhas flexíveis mas extremamente estritas e seu jardim vai responder às duas características do edifício: as linhas sinuosas dominarão na parte do jardim que se abre para o poente, ao passo que a mais estrita geometria dominará a parte orientada para o levante. Daquele lado, estende-se um gramado plantado em xadrez. Um quadrado foi semeado com *Stenotaphrum secundatum* e o seguinte com uma variante da mesma espécie mas de cor diferente *(Stenotaphrum secundatum var. variegatum)*, de tal sorte que a impressão de artifício aqui atinge o máximo. Impressão, aliás, reforçada pela presença de duas faixas de quadrados de cores igualmente contrastadas, mas plantadas com uma variedade de herbáceas de mais altura, o que ressalta a pregnância do procedimento criando um desnível.

No entanto, essa maneira de tornar sensível o fato de que o jardim é construído deve estar sempre articulada com a característica principal da concepção burle-marxiana que é a legibilidade do desenho. A fim de obrigar o olho a dar uma atenção sempre desperta às formas que lhe são propostas, Burle Marx não só as desenha claramente, não só anima as superfícies que poderiam assumir uma uniformidade entediante, como pode também, de acordo com a necessidade, realçar o desenho de uma forma. Na casa de Tito Lívio Carnasciali (Rio de Janeiro, 1946), um caminho lajotado faz uma curva bastante fechada e depois segue reto. Na curva, como Burle Marx não quis cortar as lajes de viés, a grama dos bordos está recortada numa série de ângulos retos fortemente marcados pelo contraste do seu verde escuro com a brancura do lajeado. Para atenuar a desaparição desse motivo no momento em que o caminho fica reto, suavizar a passagem da curva para a reta e finalmente preparar o olho para penetrar na zona sombreada que se segue, Burle Marx modificou aqui, sobre alguns metros quadrados apenas, a instalação do lajeado. Largas juntas, semeadas de grama, esbatem a branca geometria do caminho e estabelecem um elo visual com os diferentes elementos do novo ambiente. Que uma modificação técnica tão mínima desempenhe papel tão importante num canto recuado de um jardim é o sinal ineludível da atenção escrupulosa e sensível com que Burle Marx dá cada um de seus passos.

Poder-se-ia aproximar essa tentativa de estabelecer uma relação estética forte entre a arquitetura da casa e o tratamento axadrezado do gramado, da solução utilizada no passado por Guévrékian para o jardim do Visconde Charles de Noailles, em Hyères (1927-1929). Claro que Burle Marx não desenha aqui as superfícies quadradas usando bordaduras de concreto, como fez Guévrékian[7]. Nem por isso a firmeza das estruturas é menos aparente, graças ao rigor do procedimento de plantio, que manifesta claramente a vontade de expor à vista uma natureza sob controle.

---

7. Ver p. 89.

Fora a afirmação por parte do jardineiro das leis geométricas por ele impostas à natureza, tal procedimento tem como resultado, entretanto, um outro efeito estético: animar toda a superfície plantada. Frequentemente, os gramados dos jardins não passam de superfícies neutras – de espaços verdes, como hoje dizemos –, superfícies que o olho atravessa entediado, em busca de um elemento que o retenha. Burle Marx jamais permite em seus jardins que esse tédio desponte. Trabalha as superfícies mesmo quando não compõe qualquer maciço ou platibanda. Assim como multiplica as espécies de seixos, saibros e lajeados em seus jardins minerais, assim também, em superfícies semeadas, usa das várias espécies de herbáceas para ali desenhar formas. Ao exemplo geométrico da residência Cavanellas vem somar-se então o gramado que ladeia o Museu de Arte Moderna do Rio de Janeiro, onde duas variedades de grama de cores diferentes compõem um entrelaçado de curvas desenhando formas que se assemelham ao recortado de um quebra-cabeças.

O desenho no chão anima a superfície de maneira intensa para o olhar tanto mais que este fica impedido de fugir para além do gramado por uma linha de palmeiras que encerra essa superfície. O que vemos aqui é a arte de determinar os espaços. Para que uma superfície seja legível e, portanto, ofereça ao olhar a unidade minimal que permite o desenrolar de uma ação estética, cumpre cuidar para que o olhar possa apreendê-la como um todo, como um espaço relativamente autônomo digno de requerer a atenção. Sem que em momento algum se perca a ideia do jardim como conjunto e, consequentemente, como paisagem, é mister que se criem subconjuntos, quase quadros, diríamos, no sentido de superfícies delimitadas e privilegiadas.

Dentro da mesma lógica, e a alguns metros desse gramado, Burle Marx utilizou uma estrutura de platibandas quadradas regularmente dispostas de um e de outro lado de caminhos lajeados de pedras, e que se cruzam em ângulo reto. No entanto, ao contrário do que ocorre na residência Cavanellas, de início o espectador não percebe uma estrutura em forma de tabuleiro de xadrez. Cuidadosamente desenhados, os quadrados não têm aqui um metro de lado, mas seis, de sorte que a escala visual é tal que não é à primeira vista que a estrutura nos surge em sua lógica. Para que se torne sensível e visto não ser, a bem dizer, legível, já que o olho jamais consegue abarcá-la na sua totalidade, deve essa estrutura transformar-se no objeto de uma experiência sensorial global que põe em cena o corpo em deslocamento no espaço. O passeante pode somente *sentir-lhe* a presença, jamais *capturá-la*. Essa geometria de leitura diferida leva-nos a um dos princípios fundamentais da arte

14. Residência Edmundo Cavanellas, Rio de Janeiro.

dos jardins, princípio a que Burle Marx atribui importância muito especial: o tempo.

O TEMPO DO PASSEIO

A dimensão do tempo é constitutiva da arte dos jardins. Em primeiro lugar, evidentemente, pelo fato de o jardim evoluir ao ritmo do crescimento dos vegetais e, por conseguinte, a relação que se estabelece inicialmente com o vegetal é apenas uma prefiguração inacabada do que será quando o jardim tiver atingido sua maturidade. Aliás, dificilmente podemos falar em estado definitivo quando se trata de jardins, visto que a duração de vida de cada espécie é diferente e será preciso, de forma permanente, podar, cortar e replantar.

Mas na verdade, o tempo mais essencial no que concerne à experiência do jardim e da paisagem é o do passeante. A organização espacial dos elementos tem como função primeira ritmar o passeio, tomando como medida a alternância do andar e do repouso, da deambulação e das paradas, para as quais os bancos dispostos aqui e ali proporcionam o necessário conforto. A estrutura do jardim antecipa, portanto, a experiência sequencial que fará o passeante, submetido aos diversos ângulos e enquadramentos arranjados em sua intenção. Seu passeio será, pois, construído no tempo como uma alternância de percepções estruturadas por pontos de vista escolhidos, e o desfilar de sequências visuais captadas sob ângulos em perpétua modificação.

A descrição de um jardim pode, portanto, ser feita sob três conceitos diferentes, que a própria experiência reúne. O passeante pode tomar consciência do plano geral *a priori*, como ocorre, por exemplo, na entrada do Parque del Este de Caracas, onde um painel fornece o esquema global da organização dos espaços. Esse saber abstrato acompanha mais ou menos o passeante, seja por ele ter tido conhecimento de tal plano, seja porque a estrutura do lugar lhe propiciou um ponto de vista dominante ou panorâmico que o informará sobre o desenho de conjunto. A fazenda Vargem Grande propõe assim, a partir da topografia, uma vista de cima para baixo que facilita uma leitura sintética do espaço do jardim.

O segundo conceito elaborável pelo passeante está ligado à disposição de pontos de vista (marcados por bancos, por exemplo) que recortam ou enquadram a paisagem segundo ângulos privilegiados pelo jardineiro. Mas também pode acontecer que o visitante eleja por conta própria um ponto de vista simplesmente ao deter-se em sua caminhada. Escolherá, então, determinado arranjo de formas e cores, próximas ou longínquas, que nele suscitem prazer. Uma atividade desse tipo e a satisfação que a acompanha derivam, de certa maneira, do poder de composição. O passeante é seu próprio mestre nesse livre jogo de configuração da "sua" paisagem, liberdade altamente estética e independente, se não do trabalho do paisagista, pelo menos do convite insistente que lhe vem de um banco intencionalmente colocado.

O terceiro conceito na percepção do jardim, talvez o mais importante, é por fim o que o passeante elabora para si no próprio movimento de seu passeio. Talvez haja exagero em dizer que aqui se trate, no caso, de um conceito, visto que o passeante se encontra então totalmente sujeito à experiência sensível que lhe é proporcionada pelo ambiente que o cerca. Em compensação, se utilizarmos o ponto de vista do paisagista, essa experiência vivida pela sensibilidade (esse *perceptum*) foi, de ponta a ponta, concebida. É, incontestavelmente, o resultado de um trabalho atento de concepção paisagística. O tempo da caminhada foi integrado nessa concepção, como o tempo de deslocamento do espectador se integra numa obra de arte dita "cinética".

Burle Marx sempre deu particular atenção a esses aspectos dinâmicos da percepção. A sequência dos elementos constitutivos da sensação tem para ele importância capital, já que, a seu ver, compor um jardim não equivale simplesmente a compor um quadro. A dinâmica do passeio implica que o pintor ceda lugar ao "cineasta" ou "cineticista", como, com imprecisão, poderíamos chamá-los. Com efeito, à semelhança do cineasta, o paisagista deve saber organizar no tempo a articulação dos planos fixos e a consecução dos planos. O paisagista também é, portanto, um especialista no duplo movimento provocado pelo deslocamento do espectador. A construção das imagens do jardim efetua-se com base na experiência da mobilidade do ponto de vista.

A dialética do passeio, com efeito, constitui-se com base em dois elementos: imagens de paisagem, sempre enquadradas e mais ou menos fixas, na construção das quais aliás, uma massa de experiências anteriores é investida, e uma sequência de elementos móveis, difíceis de controlar. Para o passeante, esses elementos tornam-se traços significativos e pertinentes que marcam sua consciência. Podem provir do trabalho da memória bem como dos próprios movimentos de seu corpo. Tal forma, captada de relance, tal flor ou tal árvore adquirirão assim, num instante aberto por uma disponibilidade particular do espírito e dos sentidos, uma autonomia e uma singularidade, que as retirarão, por um tempo, de toda visão de conjunto.

Infelizmente, não é possível confiar aqui à descrição literária essa fenomenologia do passeio. O talento necessário, no caso, seria outro. Mas quem passou pela experiência dos jardins de Burle Marx ter-se-á plenamente convencido de que a preocupação com a expe-

15. Painel de entrada do Parque del Este, Caracas.

riência dinâmica do espaço é uma dimensão essencial de seu trabalho. Assim fechamos o círculo e voltamos a encontrar os Euclides da Cunha e os Guimarães Rosa aos quais precisaríamos apelar para dizer enfim, no instante mesmo em que toma pleno impulso, o que é a experiência desta obra de arte e natureza, de natureza e arte que é o jardim.

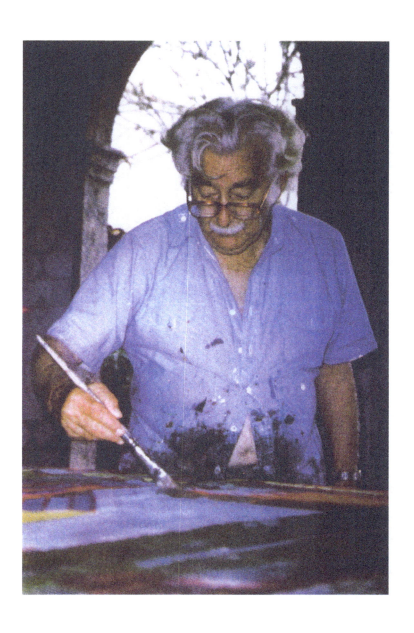

16. Roberto Burle Marx pinta em seu ateliê, Sítio, Santo Antônio da Bica, Rio de Janeiro, (1991).

17. Pintura na varanda, Sítio.

18. Residência Burle Marx, Sítio.

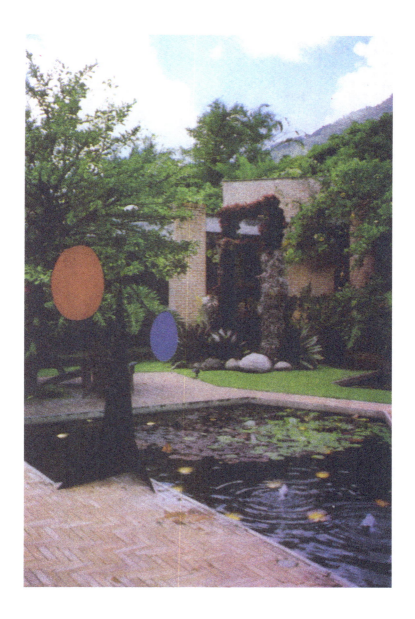

19. Vegetação vertical, residência Gustavo Cisneros, Caracas, Venezuela.

20. Cascatas, residência Gustavo Cisneros, Caracas, Venezuela.

21. Plano de jardim, residência Burton Tremaine, Santa Barbara, Califórnia, 1948.

22. Parque del Este, Caracas, Venezuela.

23. Residência Luís César Fernandez, Correias (Petrópolis).

24. Escritório Internacional da Propriedade Intelectual.

25. Residência Luís César Fernandez, Correias (Petrópolis). Composição de cores.

26. As estufas do Sítio.

3. Paisagem, Botânica e Ecologia

Perguntas a Roberto Burle Marx

JACQUES LEENHARDT – *E se você tivesse de definir o conceito de jardim?*

ROBERTO BURLE MARX – Minha experiência, ampla e já antiga, de paisagista, criador, realizador e conservador de jardins, permite-me hoje formular o conceito que tenho de jardim como a adequação do meio ecológico às exigências naturais da civilização.

Esse conceito dá forma à minha visão, fundamenta-se numa longa prática mas não tem qualquer pretensão de originalidade, essencialmente porque todo o meu trabalho está alicerçado na evolução histórica e na atenção que dedico ao ambiente natural.

Qual então a fonte desse conceito?

A mesma que serve de base ao comportamento do homem do Neolítico: transformar a natureza e sua topografia para dar plenamente seu lugar à existência humana – lugar individual e coletivo, utilitário e recreativo. Existem duas paisagens: uma natural e dada, a outra humanizada e, portanto, construída. Esta última resulta de todas as interferências impostas pela necessidade. Todavia, além das implicações decorrentes das exigências econômicas (transportes, agricultura, culturas, moradia, fábricas etc), não nos esqueçamos de que a paisagem também se define por uma exigência estética, que não é nem luxo nem desperdício, mas uma necessidade absoluta para a vida humana e sem a qual a própria civilização perderia sua razão de ser.

A ideia de jardim chegou a você depois da prática pictórica?

Como artista plástico, recebi uma formação rigorosa nas disciplinas de desenho e pintura, e a ideia de jardim acabou resultando de uma sedimentação de circunstâncias. Apliquei à própria natureza os princípios da composição plástica, em consonância com o sentimento estético de minha época. Em resumo, o jardim foi uma maneira de organizar e compor minhas obras pictóricas utilizando materiais não convencionais.

Posso, em grande parte, explicar essa evolução pelo choque que minha geração viveu, sob o impacto do cubismo e da arte abstrata. A confrontação das características plásticas desses movimentos estéticos com os elementos naturais é que deu origem a meu desejo de desenvolver novas experiências. Decidi então utilizar a topografia natural como superfície sobre a qual compor, e os elementos minerais e vegetais da natureza tornaram-se os materiais da organização plástica, da mesma maneira como todo e qualquer artista procura compor sua tela, com cores e pincéis.

Os críticos que mais se interessaram por minha obra têm, reiteradamente, apontado a ligação estética entre minha pintura e minha maneira de realizar o arranjo paisagístico. Geraldo Ferraz e Clarival Valladares sentiram a unidade plástica dos diferentes aspectos de minha obra e eu próprio sou o primeiro a reconhecer que não estabeleço diferença entre o objeto "pintura" e o objeto "paisagem" por mim construídos. São tão somente os meios de expressão que mudam.

Você se considera um pioneiro, um inovador?

Com o tempo, minha experiência da natureza e do trabalho que com ela podemos executar aprofundou-se e eu me conscientizei melhor sobre a obra por mim desenvolvida em relação e graças a ela. Não me cabe julgar essa experiência, e sim considerá-la de modo a compreendê-la sempre melhor em suas razões e na sua função, e situá-la em seu meio e em sua época. Eu me recuso insistentemente a admitir a avaliação mais frequente e comum que se costuma fazer sobre meu trabalho designando-o como "original". A originalidade nunca me preocupou tanto quanto a qualidade e o respeito da própria função do trabalho paisagístico.

Quer se trate de jardim, parque ou do tratamento dos espaços urbanos, minha concepção da construção da paisagem sempre se atém à orientação histórica segundo a qual, a cada época, aparece um pensamento estético que se manifesta em todas as formas de expressão artística. Nesse sentido, minha obra reflete a modernidade, o momento em que a concebo, sem perder de vista as razões que a tradição veicula, também elas válidas.

27. Composição aquática, Itamaraty, Brasília.

A seu ver, essa forma de expressão artística – a concepção de jardins – pode desempenhar um papel pedagógico, ou social?

A missão social do paisagista compreende, sem sombra de dúvida, um aspecto pedagógico. Cumpre-lhe fazer compreender e amar o que a natureza representa, com a ajuda de seus jardins e de seus parques. No Brasil, onde reina um desamor característico pelo que é plantado, a experiência ensinou-me a sempre insistir sobre a transformação das mentalidades. Podemos contribuir para isso, agindo. Ademais, nossa atitude deve afirmar, alto e bom som, uma dimensão prospectiva: é a manifestação de que alguém teve a preocupação de deixar para as gerações futuras uma herança estética e útil, digna desse nome.

As atuais condições no Brasil, e provavelmente nos outros países tropicais, forçam-nos a traçar as grandes linhas de uma política de preservação do que ainda existe. Seria o caso de, a partir de contribuições privadas, públicas e internacionais, criarmos uma série de reservas botânicas, com a finalidade de manter e conservar para o porvir amostras da natureza em seu estado original, ou pelo menos pouco alterado. Tendo em vista a diversidade da flora, essas reservas deveriam distribuir-se segundo as diversas províncias botânicas. Verdadeiros jardins naturais, preservariam ora as comunidades botânicas mais típicas, ora as mais raras.

Assim o paisagista disporia de meios de expressão mais amplos, constituídos por essas plantas que representam como que um vocabulário de que ele se vale para escrever suas composições. Dispondo desse material abundante e expressivo, cumprir-lhe-ia então dedicar-se à realização das obras magníficas de que é capaz o espírito humano, submetendo-se às leis da composição estética, as da harmonia, dos contrastes ou da proporção. A ideia impõe-se à matéria, daí a necessidade de fazermos com que exista essa matéria-prima, a planta em toda a sua diversidade, capaz de dar corpo à ideia.

As dificuldades – num país como o Brasil, particularmente marcado pelo desflorestamento e a destruição dos sítios naturais – não são numerosas?

Poderíamos dizer que as plantas foram criadas pelo homem, adotando-se um ponto de vista antropocêntrico. Que é o que faz a Bíblia. Sob esse ponto de vista, o mundo europeu, com uma flora altamente domesticada, estabelecia uma relação bastante equilibrada entre o homem, a árvore e a floresta. Mas quando da conquista do Novo Mundo, sobretudo ao ver-se diante da floresta tropical, o europeu amedrontou-se. Para ele, essa floresta transformou-se no refúgio impenetrável dos indígenas e de seres agressivos como a pantera, a serpente, a aranha, o crocodilo ou os mosquitos.

Daí a necessidade, que se impôs às mentes, de abrir clareiras estratégicas e a angustiada compulsão de derrubar árvores e destruir a floresta. A abertura de espaços para o gado e as plantações exigiu uma derrubada extensiva.

Sem dúvida o homem "civilizado" retomou a técnica tradicional dos índios que consistia em plantar sobre as queimadas. Mas essa prática estava associada à migração nômade dos povos indígenas. Os "civilizados" sedentários desenvolveram-na extensivamente no espaço, e hoje ela é praticada com uma intensidade jamais atingida no passado, na proporção da potência das máquinas utilizadas (os tratores), a cada dia mais eficazes. Uma só dessas máquinas pode, num único dia, destruir milênios de evolução biológica. Esse é o quadro melancólico com que nos defrontamos, impotentes que somos diante da violência terrível das lógicas – a moral, a técnica, a social, a econômica e a psicológica – do mundo contemporâneo.

E apesar disso, ainda existe, todavia, um universo de formas vegetais a preservar, que, por falta de técnicas apropriadas e de especialistas suficientemente numerosos em campo, permanece relativamente desconhecido para nós até os dias de hoje. Por razões mercantis, a nobre tarefa de cultivar, preservar e difundir o tesouro constituído pelas plantas tropicais não compensa. E além do mais, o crescimento anárquico da população induz problemas de extrema gravidade, em particular a falta de recursos nutritivos, o que provoca nessa população uma atitude coletiva pouco inclinada a preservar a natureza e respeitar árvores e jardins.

Malgrado todas as incompreensões que afetam o binômio homem-plantas, sua interdependência é tão grande que permanece o desejo de uma presença. Com frequência, toma ele a forma de uma rotina quase inconsciente, como no caso das flores de plástico. Hoje, esse simulacro invade nossos mercados. Cheguei mesmo a ver, num grande hotel de Miami, todo um jardim de inverno sem uma única planta de verdade: todas eram moldadas em plástico! A ponto de um dono de viveiro daquela cidade ser obrigado a fechar seu negócio modelo, dada a forte concorrência com as flores de plástico. As pessoas perderam a noção de que as plantas se transformam permanentemente, estando sujeitas a ciclos acarretadores de modificações que fazem todo o seu encanto e que nos é impossível encontrar nos simulacros de plástico, inertes e inexpressivos.

Voltando ao tema do desflorestamento, que é sem dúvida mais grave para os países tropicais do que nos climas temperados: um de seus principais efeitos reside na transformação dos climas e dos microclimas, bem como na destruição do capital coletivo representado pela fertilidade dos solos. O desflorestamento acarreta a desaparição da fauna, começando então um processo de desertificação dificilmente reversível. Trata-se, no caso, de um atentado perpetrado pela humanidade contra as fontes da vida e de uma forma de destruição das gerações futuras.

E do material de base com que você trabalha, as plantas!

Criacionistas e anticriacionistas, quaisquer que sejam suas diferenças filosóficas, estão de acordo sobre o fato de que a criação, ou o aparecimento da vida, não se realizou num ato único e sim em etapas sucessivas. O Gênesis detalha os atos da criação: em primeiro lugar a terra, depois a separação das águas e só então as plantas, os animais e o homem. A ciência, por seu lado, demonstrou que as plantas, por intermédio da fotossíntese, criam as condições para a continuação do processo evolutivo, modificam a composição da atmosfera da Terra e realizam o sonho de Prometeu, capturando a energia solar e permitindo o aparecimento dos insetos, dos pássaros, dos mamíferos, e finalmente do homem e das próprias plantas superiores, com sua riqueza de formas, de coloridos e estruturas. É através delas que a transmissão da vida, isto é, o fenômeno da reprodução, dirige um espetáculo de riquezas mil para chegar até a floração. Nunca é demais insistir no fato de que a atmosfera da Terra, com seus 21% de oxigênio, é a condição da vida, e que essa atmosfera é mantida e equilibrada pela atividade das plantas, e em particular das algas.

As plantas são o nosso objeto, mas como considerá-las? De um lado, são seres vivos que obedecem a um determinismo ligado às leis do crescimento, da fisiologia, da biofísica e da bioquímica. Do outro, toda e qualquer planta é o resultado de um longo processo histórico que incorpora, em seu estado atual, todas as experiências de uma longa linhagem de ascendentes que se perde na indefinição dos primeiros seres. E todo esse aperfeiçoamento das formas, das cores, dos ritmos, das estruturas faz com que elas pertençam a um outro plano categorial, o dos seres estéticos, cuja existência é um mistério para o homem.

As plantas gozam, no mais alto grau, da propriedade de serem instáveis. Permanecem vivas inclusive quando se transformam. Sofrem uma mutação constante, criando um desequilíbrio permanente mas cujo objetivo é a busca de um novo equilíbrio. A medida que aprofundamos nosso conhecimento sobre as plantas, alarga-se, quase de maneira exponencial, o campo do desconhecido. O conhecimento revela mais mistérios do que aqueles que resolve. Quanto mais respostas encontramos, mais se acumulam as perguntas. A título de exemplo, lembro-me de um espetáculo a que assisti em plena caatinga, no nordeste do Brasil. A uma certa hora da noite, e numa grande extensão, todos os *Cereus jamacaru* DC

28. Roberto Burle Marx, Praça do Derby, Recife, Pernambuco, nanquim sobre papel, 1935.

29. *Consolea.*

(mandacaru) abriam suas grandes flores, resplandecentes de brancura, como que ao ritmo de um metrônomo. Sob a luz da lua, as corolas de várias pétalas desabrochavam, expondo suas gargantas para onde eram atraídas multidões de insetos. Diante desse espetáculo, lembrei-me do movimento das anêmonas do mar e não pude deixar de meditar sobre as razões misteriosas dessa estranha convergência. E a mim mesmo me disse que uma planta, assim como uma cor, assume todo o seu sentido quando justaposta a outra cor ou a outra planta.

Então seus modelos são as associações naturais das plantas entre elas?

Na natureza, os reagrupamentos não acontecem por acaso, pois obedecem a um jogo complexo de compatibilidade entre o clima, o solo, a interação das plantas com os animais e das plantas entre elas. Os ecologistas designam esses reagrupamentos sob o termo de associações.

O fenômeno da associação está intimamente ligado a um dos mais fascinantes processos biológicos: a adaptação. Não é possível abordar tema tão vasto e complexo como o da adaptação apenas com algumas frases. Entretanto, é admissível que possamos pelo menos falar de maneira resumida da adaptação mútua, em consonância com os biólogos modernos, mostrando o aperfeiçoamento simultâneo e associado das flores e dos insetos polinizantes.

No começo, na era mesozoica, as primeiras plantas, como as flores, eram polinizadas por insetos lentos, "desajeitados", do tipo dos coleópteros. A evolução das flores para o estado bilateral (as orquídeas) ou assimétrico (as canas) vem acompanhada da aparição de insetos mais perfeitos, mais ágeis (borboletas e himenópteros). Isso sem falar na entrada em cena da polinização pelos colibris.

Não há, sobre a superfície da Terra, região mais rica em associações vegetais do que o cinturão intertropical. Espetáculo que, comparado com o que conhecem, parece mais forte e impressionante aos habitantes dos países temperados. O espanto diante desse mundo fervilhante de atividade, de calor e de vida marcou profundamente a existência de vários naturalistas do período das grandes descobertas tais como Martius, Geoffrey Saint-Hilaire, Gardner, o Príncipe Wied-Neuvied e outros. Ainda hoje, a riqueza floral das zonas tropicais é tal que, por experiência própria, posso dizer que jamais fiz uma excursão sem haver encontrado ou colhido plantas que me fossem desconhecidas e, no que respeita a algumas dentre elas, ignoradas da própria ciência.

Torna-se, assim, evidente que o jardim repousa sobre uma base ecológica, sobretudo num país como o Brasil, cujas condições climáticas e geológicas são variadíssimas. Quem quiser estudar o problema da introdução, cultura e domesticação dos vegetais selvagens encontrará em nossa terra um campo pouco desenvolvido, e mesmo virgem em certos aspectos.

Num país tão rico quanto o Brasil no plano da flora, o que significa para o paisagista inventar formas novas?

No Brasil, o paisagista está livre para trabalhar e construir jardins baseados numa realidade floral de imensa riqueza. Ao mesmo tempo em que respeita as exigências da compatibilidade ecológica e estética, pode criar associações artificiais muito expressivas. O fato de criar uma paisagem artificial não implica uma negação nem, bem entendido, uma simples imitação da natureza. É preciso saber transpor e associar, com base em critérios seletivos e pessoais, os resultados de uma observação atenta e prolongada. Por experiência própria, posso dizer o quanto aprendi em contato com botânicos. A colaboração deles é indispensável a quem espere adquirir o domínio de uma arte consciente e profunda da paisagem, a quem saiba usufruir do imenso patrimônio que é a exuberante flora brasileira, infelizmente tão mal compreendido seja pelos paisagistas seja pelos amantes da natureza.

Apesar do fato de dispormos, no Brasil, de um contingente de perto de 5.000 espécies de árvores num conjunto florístico estimado em 50.000 espécies diferentes, nossos jardins oferecem, antes de tudo, uma flora domesticada e cosmopolita. A arborização das ruas, ademais, faz-se, muito amiúde, com espécies exóticas por aqui: plátanos, por exemplo. Repudio tal conceito, e é de há muito que luto contra certas formas de urbanização nas quais a paisagem é destruída para dar lugar a composições vegetais completamente desconectadas da realidade paisagística local. O que então se destrói é a obra original, representada por um biótopo, como estágio de equilíbrio adquirido ao termo da atividade milenar do jogo das forças da natureza.

Nossas concepções paisagísticas devem encontrar seu fundamento num trabalho de interpretação e compreensão das associações naturais. Eu poderia, por exemplo, citar minhas observações sobre a flora do canga, aglomerado de materiais ferruginosos que constituem o subsolo de extensas regiões do Brasil central. Em meio às montanhas, descobri um novo mundo: uma extraordinária associação do amarelo dos líquens e da *Laelia flava* Lindl, com os violetas de quaresmeiras e o vermelho veneziano da *Mimosa calodendron* Mart., plantas conhecidas pelos movimentos de defesa de suas folhas. Toda essa policromia se destaca sobre um fundo em que as formas, os ritmos e as cores atuam conjuntamente, revelando, a cada estação, uma floração particular.

Essa instabilidade é um dos grandes segredos da natureza: ela, a natureza, renova-se constantemente graças à luz, à chuva, ao vento e à sombra, que lhe dão suas novas formas, ligadas aos maciços calcários cuja rocha apresenta fissuras, vias de acesso a um rico sedimento biogênico no qual mergulham as raízes em busca dos elementos nutritivos que aí se acumulam. Isso proporciona um espetáculo marcado por grupos de palmeiras *(Acrocomia aculeata* [Jacq.] Lodd. ex-Mart.) e pelos *Ficus calcicole*, cujas raízes entrelaçadas têm a particularidade de encerrar seus suportes, sejam eles rochedos, árvores ou outras palmeiras. Visitei regiões de estranha beleza, como o vale do Panças que, trinta anos atrás, abrigava tribos indígenas. A região é um vale fechado por montanhas de forma cônica dispostas como um cenário de teatro, e sobre cujas escarpas vegeta uma flora inteiramente *sui generis* de *Villosas*, de bombacáceas, de orquídeas, de merânias, de flores de Mandeville, de amendoeiras etc. Dessas alturas, vemos desenrolar-se a longa fita desenhada pelo curso sinuoso dos rios, alimentados pelo afluxo das águas que a bacia derrama. Pena que essas formações primárias não gozem da proteção que se dá a um santuário. Pouco a pouco são elas destruídas pela população local, que não compreende que aquilo ali são tesouros, e pelos imigrantes europeus, transplantados mas não adaptados, cujos critérios de beleza ainda são os mesmos que conheceram em seus países de origem.

Como é que o paisagista lida com este outro elemento natural que é o clima?

Além da ação geral que exerce sobre uma região, todo clima se subdivide e diversifica numa série de microclimas decorrente de vários fatores (topografia, altitude etc.) que podem ter a mais alta importância na evolução do jardim. Na verdade, conceber jardins é, muito amiúde, "realizar" microclimas e harmonizá-los, segundo a ideia de que, nessas associações vegetais, as plantas vão por si mesmas situando-se umas ao lado das outras numa relação de quase necessidade. O valor das plantas na composição, como o valor de cor na pintura, é sempre relativo. As plantas valem por seus contrastes ou pela harmonia que estabelecem com as outras plantas com as quais entram em relação.

A propósito de microclimas, lembro-me de uma região, a Serra do Cipó, mais ou menos a cem quilômetros de Belo Horizonte (no Estado de Minas Gerais), onde a flora é determinada principalmente pela existência de um solo arenoso de natureza quartzosa. Fazer essa viagem, é viajar de microclima em microclima e de surpresa em surpresa. Nessas condições climáticas, encontramos, pois, plantas que se modificam de tal maneira sob a ação das forças do meio ambiente, que representantes de famílias geneticamente distantes apresentam, em seu aspecto exterior, semelhanças extremamente fortes.

É o caso da *Sipolisia compositae*, que tem o aspecto de uma *vellózia* (da família de *Eryngium*, com forma de Bromeliácea), como o da *Lychnophora*, ela também em forma de *vellózia*. Ali (como em outras regiões do Brasil como Cabo Frio, caracterizadas por um vento intenso e de direção constante), damo-nos conta do efeito modulador do vento sobre as plantas. Nas depressões abrigadas, as árvores atingem sua plenitude e, dentro desse microclima, a acumulação de detritos férteis, aliada a uma boa retenção da umidade, cria um mundo inesperado de orquídeas, líquens e epífitos que, embora dependam da umidade, temem-lhe o excesso nas raízes.

Nos lugares mais elevados, encontramos um conjunto botânico bastante particular, uma flora "nebulosa" caracterizada por árvores de pequeno porte, quase sem galhos, providas de pequenas folhas e cobertas de epífitos e líquens corticícolas de cores intensas, que se harmonizam com flores vermelhas como as *Sophronis* (orquídeas). Ao redor, as úsneas formam um cinturão de espessura variável. É uma paisagem realmente fantasmagórica. Ora as plantas irrompem e desaparecem na bruma, ora se afirmam em toda a sua plenitude, quando a luz detalha os diversos planos sobre os quais a vegetação se dispõe em degraus.

Assim, a arte do jardim, à semelhança dos arranjos naturais de que fala você, é de tradição muito antiga, imemorial?

Em certos períodos históricos e em certos países, o equilíbrio da ordem social projeta-se na arte de configurar a paisagem. Pode-se sem exagero afirmar que a história do jardim (isto é, da paisagem construída) está ligada à história dos ideais éticos e estéticos de cada época.

É verdade que os Ocidentais têm uma história da paisagem diferente da das culturas orientais, história, sem dúvida, mais pobre e mais recente. Sabe-se, aliás, que a arte paisagística do Ocidente sofre a influência do Oriente a partir do século XIV, através da Itália e, bem depois, da Península Ibérica.

Já no Neolítico, em todas as regiões, vemos manifestarem-se comportamentos que testemunham a existência da ideia de jardim. Daí podermos afirmar que esta remonta aos mais remotos tempos.

30. Residência Luís César Fernandez, Correias (Petrópolis).

31. Claustro de Santa Maria de Celas, Portugal, século XIII.

32. Jardim do Mosteiro, Santa Maria de Salzedas, Portugal, século XII.

Com efeito, logo nos primeiros estágios da civilização, no momento da sedentarização, do desenvolvimento da atividade agrária e das formas utilitárias do artesanato (ligadas à construção, proteção e elaboração das técnicas da cerâmica), percebe-se claramente a presença do que se poderia chamar de "conceito" de jardim.

A forma dos vasos e dos utensílios neolíticos, bem como seus elementos decorativos, revelam a presença de motivos biomórficos com predileção para os elementos vegetais e animais, oriundos do ambiente natural. Já então participam eles de uma realidade propriamente estética. Daí porque tais objetos tomam a forma de seus modelos naturais, que se veem assim recapturados pela percepção humana numa relação emocional. São, pois, percebidos não somente como úteis, mas já como "belos".

Quase todos os exemplos neolíticos de estilização da figura vegetal e animal mostram que já existe uma atitude contemplativa, e mesmo uma consciência artística, que visa frequentemente a uma representação do objeto, ultrapassando sua realidade física. Essa estilização confere-lhe, mediante a organização plástica, a forma e o poder do símbolo.

No momento em que a civilização se organiza em estruturas sociais e políticas mais fortemente definidas (Egito e Mesopotâmia), a influência da criação artística sobre a superfície topográfica natural torna-se mais precisa. A arquitetura aparece no momento em que o pensamento e a vontade humana se impõem à natureza física, procurando transformá-la e dominá-la. A aparição da civilização caracteriza-se, por conseguinte, não apenas pela primeira narrativa ou pelo primeiro código consignado sobre tabulas, mas também e sobretudo pela transformação consciente da paisagem física em paisagem construída, visando a estabelecer um impacto visual baseado em conceitos éticos (religiosos, políticos) e conceitos estéticos (predileção por formas, definição de materiais nobres, formação de estilos que pertencem à cultura de cada comunidade).

Tanto a arquitetura quanto o tratamento da paisagem definiram-se em concordância com o meio natural. Os materiais escolhidos e as soluções estabelecidas para a obra artística deviam, com efeito, corresponder à realidade física do ambiente. É sintomático constatar que muitas vezes os textos mitológicos fundadores de cada civilização estão muito especificamente ligados a uma ideia da paisagem ou mesmo, diretamente, a uma descrição do jardim.

As três Hespérides eram as jardineiras protetoras da macieira dos pomos de ouro, perto de Agadir, guardada por um dragão que jamais adormecia. Também no Vale dos Reis, no Alto-Egito, foi encontrada uma inscrição tumular onde se faz menção a um jardineiro do faraó.

Jardins oníricos e conhecimentos de natureza botânica serviram de moldura a grande parte da mitologia grega. O motivo ornamental da coluna coríntia, a folha de acanto, participa, segundo a lenda, dessa interação estética entre o homem e sua paisagem natural, tornando-se um verdadeiro motivo arquitetônico. A existência dionisíaca (e a figura de Baco), a lenda de Artemisa (e de Diana) bem como a de Afrodite (Vênus), todas elas implicam um mundo concebido como paisagem.

Já na origem dos mais antigos impérios da civilização assírio--caldaica, com o famoso exemplo de Babilônia, encontram-se textos que se referem a jardins fabulosos ilustrando o fausto e o poder. Vem-nos à mente o exemplo lendário dos jardins suspensos de Semíramis, caracterizados pela integração dos arranjos paisagísticos no conjunto arquitetural.

As diversas civilizações que se desenvolvem na Ásia Menor (Irã, Iraque, costa mediterrânea da Síria) marcaram a história do pensamento paisagístico. Os povos sumerianos, babilônios e caldeus, os hititas, os hebreus, os assírios, os persas e todos os povos que habitaram essa região escreveram uma página histórica sobre as relações do homem com a paisagem. Foi por ter sido uma região naturalmente fértil, situada entre o Tigre e o Eufrates, que a Mesopotâmia se tornou o lendário berço da humanidade, o lugar onde viveram Adão e Eva, o Éden. Se recuarmos na história da civilização ocidental atual, encontraremos, na tradição hebraica, a descrição que a Bíblia faz da gênese do mundo, situando-a num quadro inteiramente inspirado nas categorias do jardim.

Deus, criador do mundo e da vida, é apresentado no texto hebraico como um construtor, um artista criando um universo paisagístico, por ele entregue ao homem sob a forma do "paraíso", um jardim provido de pomar. A expulsão de Adão e Eva desse jardim inaugura as vicissitudes e os sofrimentos eternos que a lembrança ideal e o sonho, alimentados pela visão dessa paisagem perdida, acompanham. A perda do paraíso transforma-se numa frustração permanente, cuja origem as artes plásticas terão a tarefa de recordar.

Já na Idade Média e inícios da Renascença, a pintura religiosa da cristandade mostra paisagens que surgem como outras tantas imagens do paraíso perdido. Só depois que a Renascença se tiver firmemente estabelecido sobre elites que tenham elaborado comportamentos e exigências estéticas novas é que aparecerão os grandes exemplos de paisagens artificiais, encarregadas de criar um meio ideal entre a arquitetura e o ambiente natural.

O jardim renascentista é regido por um conceito de composição plástica, de tratamento arquitetural e de perfeito domínio das formas e proporções. Mais tarde, o jardim à francesa fundar-se-á no uso do espaço como elemento de construção, dentro de um projeto que visa a produzir o arrebatamento, acompanhado de um impacto monumental. Está claro: todo período da história dos estilos reflete-se, de um modo ou de outro, no jardim, de tal sorte que existe, até hoje, uma correspondência histórica exata.

E onde fica a tradição brasileira, se é que existe?

Tratando-se do Brasil, poderíamos apresentar a história do jardim e da paisagem organizada da seguinte maneira: dos primeiros relatos dando conta do "descobrimento" até o estabelecimento do Império, no início do século passado, é a paisagem natural que prevalece. Notam-se apenas algumas poucas paisagens organizadas. É mister, todavia, fazer menção especial ao trabalho de urbanização realizado em Recife e Olinda pelos holandeses na primeira metade do século XVII, por iniciativa do príncipe Maurício de Nassau, bem como aos jardins, ou locais paisagísticos do fim do século XVIII, no Rio de Janeiro, quando a partir de 1753, a cidade se tornou a capital do Brasil. Dentro de outra perspectiva, os sociólogos brasileiros, e entre eles Gilberto Freyre em particular, colocam em evidência uma tradição de jardins oriunda do modo de vida da civilização rural, esta última ligada à exploração da cana de açúcar nos Estados do Nordeste brasileiro, Pernambuco, Alagoas, Paraíba, Sergipe e Bahia. Tais modos de vida explicam a unidade arquitetural constituída pela casa, a capela e as construções da usina (engenho), tal como a encontramos, ornamentada por um tratamento paisagístico destinado a enobrecer a propriedade mediante o emprego de plantas decorativas.

Por outro lado, é conhecido o exemplo dos claustros, mosteiros e conventos produzidos pela arquitetura religiosa brasileira dos três primeiros séculos (XVI-XVIII). Ali se cultivavam plantas ornamentais em grandes caixas móveis, destinadas à decoração da igreja nos dias de festa. Gravuras da época mostram-nos igualmente espaços, urbanos ou rurais, tratados com certa regularidade na organização jardineira ou, pelo menos, que tornam visível o equivalente a uma composição e dão a impressão de uma seleção consciente dos elementos vegetais. Mas são exemplos insuficientes e pobremente documentados.

Por conseguinte, não haveria como falar de um tipo estabelecido de jardim brasileiro tradicional, seja no plano urbanístico seja sob o ponto de vista dos modelos privados. Em contraposição, será possível falar, nessa primeira fase, de uma paisagem artificial que contribui para o embelezamento da vida privada, urbana e rural, onde dominam os pomares, as árvores de frutos importados (mangueira, abacateiro, sapotizeiro, limoeiro), os terreiros para aves e os prados onde pastam os animais domésticos. É dessas práticas que

33. Achille Duchêne, jardim dos íris d'água, Paris, desenho aquarelado, cerca de 1910.

nascerão o que no Brasil chamamos de *quintal* – horta –, de *sítio* – pequena propriedade rural – e de *roça* – plantação em terreno arroteado –, que correspondem a propriedades privadas pequenas ou médias, eventualmente situadas em zona urbana.

A prática da queimada, visando à obtenção de superfícies cultiváveis, constitui a principal característica do fenômeno rural brasileiro, sob o ponto de vista da paisagem natural. Muito cedo, com efeito, forjou-se, em todo o país, a ideia de natureza virgem, exuberante e excessiva, em confronto com a da ocupação e cultura das terras. E no entanto, sempre foram conservados, na área das explorações rurais, espaços de floresta ainda virgens, seja para preservar o aprovisionamento de água dos engenhos mecânicos da fazenda seja para o lazer e eventualmente como reserva de caça.

A imensidão geográfica do Brasil (8 milhões de quilômetros quadrados) e a concentração da população predominantemente nas cidades explicam por que a paisagem construída é aí diversa e dispersa.

No início do século XIX, Dom João VI decidiu transformar completamente as práticas culturais brasileiras, determinado que estava a impor ao Império Brasileiro, através das reformas fundamentais, os modelos da civilização europeia. Decretou a abertura dos portos, abrindo o país para o mundo. Tendo-se estabelecido no Brasil (antes das campanhas napoleônicas ele residia em Lisboa), aqui desenvolveu ele próprio vastas explorações agrícolas. Criou escolas de engenharia, o ensino das artes e manifestou imenso interesse pelo estudo da natureza local, como o atesta a criação do fantástico Jardim Botânico do Rio de Janeiro. É de seu reinado que datam os conhecimentos naturalistas do país, nunca antes desenvolvidos até então, salvo no período holandês (1600-1625), durante o qual estiveram em atividade sábios da qualidade de Barleus, Willem Piso e Georg Marcgrave, e que foi ilustrado pela pintura e pelos desenhos de Frans Post, Albert Eeckhout e Zacharie Wagner.

A corte imperial, a missão artística francesa e os naturalistas que vieram ao Brasil no século passado (Martius, Spix, Humboldt, Geoffroy Saint-Hilaire, Gardner e outros) fizeram com que se modificassem por completo as condições da construção da paisagem. Numerosas plantas selvagens foram selecionadas objetivando a cultura e usos decorativos privados. Outras, vindas das Antilhas, da África, do Oriente e de proveniências variadas, foram importadas e aclimatadas com imediato sucesso. Grandes botânicos também se revelaram no Brasil: Rodrigues, Vellozo etc.

Na verdade, a agricultura, que suscitou uma forte imigração no quadro do desenvolvimento da cultura do café nas regiões de São Paulo e Rio de Janeiro, voltou a ser um fator importante de interferência sobre a paisagem construída.

Dos tempos da corte, e durante todo o Império (1822-1889), assistimos a um notável desenvolvimento da arquitetura privada e pública. Lembramos em particular as obras de Grandjean de Montigny, no Rio, de Vauthier no Recife, e do paisagista Glaziou, autor do parque da residência imperial (Quinta da Boa Vista) e do Campo de Sant'Ana, ambos no Rio de Janeiro.

A segunda metade do século caracteriza-se, contudo, por trabalhos de estilo acadêmico europeu, cuja preocupação essencial é alardear sincronismo com o trabalho criativo dos centros "civilizados", e exibir riquezas e aparências nobiliárquicas de aquisição recente.

Consequência da abolição da escravatura e da crise econômica que se seguiu, a queda do Império deu lugar a um período de profunda recomposição da fortuna privada, a qual doravante se estabelece nos Estados do sul graças à contribuição de uma nova mão-de-obra de agricultores. De 1890 a 1920, assistimos à ascensão e queda da produção da borracha na Amazônia, bem como ao desenvolvimento da agricultura e da pecuária que acarretam uma forte corrente de importação de materiais e de trabalhadores europeus. Vemos então surgir uma elite e uma burguesia ávidas de comportamentos "civilizados", copiados de seus modelos europeus mais do que oriundos da produção artística autóctone. É o momento em que, nas principais cidades do Brasil, ergue-se um número considerável de construções, graças a artesãos europeus recém-fixados no país (portugueses, italianos, alemães e outros). Trazem eles consigo as técnicas e os materiais característicos da modernidade europeia e do estilo *Art nouveau*, que, no Brasil, recebe o nome de "estilo floral", para sublinhar seu motivo estético dominante.

Cabe, sem dúvida, estabelecermos uma correspondência entre esse "estilo floral" e a *belle époque* do romantismo decadente europeu. É, no entanto, mister observar que o exagero que reinou no Brasil por pouco não aniquila nosso patrimônio histórico e artístico, demolindo palácios antigos e edifícios religiosos, isso tudo em nome de caprichos de novos-ricos e de uma ansiedade mórbida de as pessoas mostrarem-se "civilizadas".

É dessa época que data, no Brasil, a moda da jardinagem e a paixão pela cultura das flores e plantas exóticas. A rosa invade todas as artes, da poesia aos estuques dos tetos. O bambu chinês, a avenca, as palmeiras anãs, os cravos, os crisântemos, as dálias e muitas outras foram objeto de um intenso consumo botânico para fins decorativos. Esse resíduo do romantismo *Belle Epoque* perdurou até os anos 40.

Tais são a herança e a experiência artística com que me defrontei ao voltar da Alemanha, trazendo na cabeça a ideia fixa de tornar--me simplesmente um artista plástico de minha geração e de minha terra. Daí porque quando me perguntam onde percebi as qualidades estéticas dos elementos autóctones da flora brasileira, aonde fui haurir a vontade de construir, com plantas nativas desta terra, uma ordem inteiramente nova de composição plástica, francamente só me resta responder que isso aconteceu estudando pintura numa estufa de plantas tropicais brasileiras do Jardim Botânico de Berlim!

Foi lá que verdadeiramente percebi a força da natureza originária dos trópicos, que eu tinha ali, em minhas mãos, como um material pronto para servir ao projeto artístico que me era próprio, embora ainda mal definido. A partir de então, utilizei o elemento nativo natural, com toda a sua força e todas as suas qualidades, como uma matéria apta a concorrer para o meu projeto de composição plástica.

Pelo menos é assim que entendo a arte do paisagista: como uma forma de afirmação artística.

Traduzido da versão francesa de Jacques Leenhardt

4. Burle Marx
e a Estética da Paisagem

JACQUES SGARD

A mensagem de Roberto Burle Marx chegou até nós depois da guerra, sob forma de alguns artigos publicados na revista *Architecture d'aujourd'hui*. Embora objeto de discussões apaixonadas nos ateliês das escolas de arquitetura, não tiveram eles de início senão ecos tênues na jovem profissão paisagista. Esta via-se às voltas com problemas de existência, lutando muito para fazer-se reconhecer, e abria para si um caminho difícil entre o arquiteto construtor e o engenheiro de águas e esgotos. Era a hora da reconstrução e todos participavam tentando forjar suas próprias armas, os seus conceitos.

As fontes de inspiração eram, para alguns de nós e para muitos arquitetos, a Suécia com a famosa cidade-satélite de Vällingby, perto de Estocolmo, o plano de Amsterdã e a concepção holandesa de urbanização dos bairros residenciais, um pouco mais tarde a Finlândia com a cidade-satélite de Tapíola e, no domínio dos jardins e parques, a Alemanha.

O que Roberto Burle Marx nos trazia era de natureza inteiramente diferente, e de pronto tivemos a impressão de uma arte em ruptura com aquilo que fazíamos quotidianamente, talvez mesmo de um ideal inacessível. Seu nome estava associado ao das grandes figuras da arquitetura: Oscar Niemeyer, Lúcio Costa, Luigi Nervi, Le Corbusier. Tínhamos, evidentemente, tendência a idealizar a situação, sonhando com a obra que associa, num mesmo impulso criador, o arquiteto, o escultor, o pintor, o paisagista, e Roberto iria confiar-nos mais tarde as dificuldades que encontrou com algumas dessas grandes figuras.

Os primeiros contactos com a obra de Burle Marx foram, na realidade, objeto de mal-entendidos.

O MAL-ENTENDIDO

Dos primeiros desenhos de Burle Marx reteve-se – mas sobretudo por obra e mérito de jovens arquitetos que se empenhavam em desenhar o espaço em torno dos volumes construídos – o grafismo da curva. O espaço de certa maneira desencarnado, privado da cor, da presença tão forte do vegetal, dos jogos do relevo, e reduzido a suas duas dimensões. E, no entanto, mal-entendido fecundo que abalou um pouco a onipotência da linha reta.

O segundo mal-entendido originou-se provavelmente da excepcional qualidade da "representação gráfica" feita por Roberto Burle Marx. Pintor e grafista de grande talento, trata ele a expressão esquemática do jardim como obra pictural válida por si mesma, transformando a superfície rugosa e viva das flores em suntuosas placas coloridas, dissociando a expressão pictórica da realidade complexa e dificilmente traduzível do projeto. Sabemos da propensão que alguns de nós, arquitetos ou paisagistas, temos de nos satisfazer com a pura e simples beleza pictórica do projeto, o que pode conduzir-nos a artifícios de desenho ou a preciosismos que perdem todo o sentido no chão, caso venham a realizar-se.

UMA ARTE DE SENSIBILIDADE
E SENSUALIDADE

O espaço criado por Roberto Burle Marx não é literário, ainda que se possam comentar ao infinito as inumeráveis facetas de sua cultura, muito especialmente a contribuição da cultura brasileira.

Esse espaço não requer nem guia nem explicação. É, antes de tudo, lugar de deleite, onde os sentidos estão alerta. Roberto Burle Marx tem uma natural inclinação para agradar e seduzir. Gosta de comunicar aquilo que ama. Mobiliza, para a encenação do espaço, os recursos que lhe são oferecidos pelas artes plásticas, pela ciência da perspectiva, pelo conhecimento que tem do movimento e da descoberta de pontos de vista sucessivos, pelo senso do táctil. Alguns volumes esculpidos surgem como pontos de cristalização do espaço de que são inseparáveis. Mas é a planta que aí desempenha o papel principal.

35. Bacia do jardim da Casa Forte, Recife, Pernambuco.

34. Jardins do Palácio Itamaraty, Brasília, Ministério das Relações Exteriores.

A PLANTA NA OBRA
DE ROBERTO BURLE MARX

Roberto Burle Marx teve a revelação da riqueza e das possibilidades da flora brasileira no Jardim Botânico de Dahlem, em Berlim. Tinha então vinte anos e estava estudando pintura e canto. Esse "acontecimento" pode fazer-nos sorrir se pensarmos que até então ele vivera em São Paulo e no Rio. Mas é preciso saber que, nessa época, os jardins brasileiros eram concebidos segundo o modelo europeu e com plantas de países europeus. É preciso saber também que a floresta brasileira é, com frequência, impenetrável e hostil ao homem, que as plantas exóticas para as quais nossas estufas reservam lugares privilegiados eram ao mesmo tempo familiares e banais, julgadas pouco dignas de entrar na composição de um jardim. Roberto Burle Marx revelou aos brasileiros o que delas é possível extrair, criando associações de plantas regidas mais por critérios estéticos que botânicos.

A paixão de Roberto Burle Marx pelas plantas e pelos ambientes naturais só fez crescer ao longo de sua carreira a ponto de transformá-lo em eminente especialista, notadamente no domínio das Bromeliáceas e das Orquídeas. Alguns de meus amigos conservam uma lembrança entusiasta de expedições botânicas na floresta tropical; as plantas coletadas iam enriquecer os viveiros que criara e dos quais se valia para criar seus jardins.

Essa paixão levou-o a empenhar-se pessoalmente na luta em defesa da floresta brasileira. A planta, nos jardins de Roberto Burle Marx, não é utilizada como um simples material nem mesmo apenas por sua cor, silhueta ou perfume, mas por sua personalidade própria. Dá ele particular importância às relações estéticas que convém estabelecer entre diferentes espécies. Ao percorrer, um dia, um jardim de exposição – era na Alemanha, numa daquelas notáveis *Bundesgartenschauen* que de há muito constituem um festival da planta e dos jardins –, teve ele esta expressão, em francês, a propósito de uma cena de jardim que não lhe havia agradado: "…Ces plantes n'ont rien à se dire…"*, frase que por si só resume a vontade que ele sempre teve de estabelecer relações múltiplas entre os componentes do jardim. Nessa ordem de preocupação, lembro-me igualmente de seu cuidado em considerar a linha como o ponto de encontro de duas superfícies que concorre para um efeito de conjunto e não apenas como um grafismo em si.

---

* Ou seja: "…Estas plantas nada têm a dizer umas às outras…" (N. da T.)

UMA ARTE TRASLADÁVEL?

Repetidamente, pude eu ler que a arte de Roberto Burle Marx é única, o que daria a entender que ela não faz escola e não é trasladável. Mas também muito frequentemente tenho recolhido o testemunho dos que o conheceram bem e tiveram a oportunidade de trabalhar com ele, e que declaram ter sido profundamente influenciados por sua personalidade, por seu modo de ser e por sua arte. Não há dúvida de que seu estilo muito pessoal não é diretamente trasladável fora do Brasil, enraizado que está na cultura e na natureza desse país. Podemos observar a respeito que, no próprio Brasil ou nos países vizinhos, são numerosos os tratamentos de solo, lajeado, mosaicos, muros ou vegetação que assinalam sua influência. Em nosso velho continente, a influência é de outra ordem; ela me parece ter e sobretudo poder ter um efeito libertador com relação a hábitos de pensar e criar. No momento em que a tentação do intelectualismo aumenta e o espaço se desencarna, Roberto Burle Marx propõe-nos um espaço sensorial rico, um jardim de sensibilidade. E isso num estilo que permanece espantosamente "moderno" em sua expressão; situa-se ele, portanto, no pensamento criador que de há muito anima a concepção dos jardins, conjugando os recursos das artes plásticas com um conhecimento aprofundado das possibilidades oferecidas pelas plantas. No momento em que parece desenhar-se na França uma renovação dessa arte, sua contribuição pode ser vivificante e sua obra mereceria ser melhor conhecida e compreendida.

5. Burle Marx e a Concepção Contemporânea do Jardim

Uma conversa com GILLES CLÉMENT

J. LEENHARDT – *Gilles Clément, como foi seu encontro com a obra de Roberto Burle Marx?*

G. CLEMENT – A primeira vez que ouvi falar em Roberto Burle Marx foi na escola. Eram estudantes, que, de volta de seus estágios no exterior, consideravam-no como um mestre que havia de certa forma revolucionado o pensamento na história da paisagem.

Mas para nós não passou disso. Quanto a mim, pelo menos, como não dispunha de imagens, não tinha a menor ideia a respeito. Depois passei pelo Rio e vi uma de suas primeiras grandes realizações públicas: a orla marítima em Copacabana e o jardim em Botafogo.

Na época, ambos me pareceram, talvez mais no plano do urbanismo do que no do tratamento, uma solução muito interessante para o problema de transição entre a cidade e a orla marítima. Mais tarde, vi imagens, publicações, encontrei pessoas que chegaram mesmo a tirar diplomas discorrendo sobre seu trabalho. Mas só muito recentemente, por ocasião do colóquio organizado por você, é que me encontrei com ele, isto é, com o homem.

Para dizer a verdade, antes mesmo de encontrá-lo, já me haviam contado a seu respeito uma anedota que muito me agradara: a história, situada, creio eu, na Alemanha, narra como o jovem pintor, que desenhava flores numa estufa, ao olhar para os rótulos, dá-se conta de que o que está desenhando provém do Brasil, de

36. *Heliconia burle-marxii*, Aquarela de Margaret Mee.

onde veio ele próprio. Não compreende por que jamais viu tais maravilhas em seu país e volta para lá decidido a ser paisagista. Acho a história belíssima porque personagem e trabalho estão inteiros resumidos nessa aventura, nesse encontro do objeto vivo por um artista plástico. E é isso que vai obrigá-lo a entrar por um caminho que não previra. O que me toca, e o que compreendo, é, portanto, esse direcionamento para a planta e para o mundo todo, que ele, naquele momento, descobre e com o que, mais tarde, irá fazer não somente jardins mas constituir seu viveiro e suas coleções. Burle Marx obteve êxito total na junção entre o artista que desenha e o jardineiro que trabalha com o objeto vivo. Há poucos, mas realmente tão poucos paisagistas que hoje dispõem desse leque, isto é, que sejam ao mesmo tempo capazes de fazer um desenho e capazes de falar de cátedra a respeito do material botânico que utilizam! Refiro-me a um bom conhecimento não só a respeito das plantas, mas da fisiologia e do comportamento delas. Ele é de fato um dos únicos capazes de dar um parecer técnico incrivelmente precioso e preciso. Nesse ponto, considero-me em profunda sintonia com ele.

A competência botânica e ecológica é uma das portas de entrada do estilo de jardins desenvolvido por Burle Marx. Como, por conseguinte, situá-lo na história dos jardins?

Em relação aos jardins, e à história dos jardins, poder-se-ia dizer que ele criou algo de novo para o Brasil, mas a partir de influências plásticas europeias. Está totalmente inscrito numa corrente de sensibilidade em pintura na qual a obra põe de lado a figura – no sentido tradicional de "representação" –, mas na qual esta arte, chamada abstrata, desenvolve emoções sensíveis a ressonâncias orgânicas. Burle Marx está nessa corrente, que ele leva à sua lógica extrema, mas sem ultrapassá-la, porque essa é a sua geração, esse o seu pensamento, essa a sua evolução interior.

Inventou ele um estilo de jardins com base numa construção dos espaços apoiada num desenho muito firme e sobretudo num tipo de flora e de material botânico que lhe é muito específico. Paradoxalmente, porém, ao ter em mãos todos os meios de entrar no mundo estético da compreensão da vida pela ecologia, deteve-se numa concepção clássica. Esse fato causa-me espécie, pois, após suas tão numerosas expedições pela Amazônia, tem ele o domínio total dos processos ecológicos. Mas não quis fazer disso uma estética. Talvez reserve deliberadamente para a ecologia o lugar da natureza, como o fazemos no caso das reservas, e não pense na possibilidade de integrá-la ao jardim.

Eu gostaria muito de aprofundar, isto é, de conhecer sua posição real na demarcação por ele mesmo feita entre o trabalho do paisagista e o mundo da ecologia, em outras palavras, como concebe ele o lugar do homem nesse sistema, no planeta, e que consequência daí se pode tirar para uma concepção do jardim.

Sendo o jardim uma situação artificial, a legibilidade de sua estrutura está em contradição com os processos ecológicos espontâneos – esse evidentemente é um tema que o preocupa essencialmente.

Evidentemente. E isso se vê em seu trabalho de maneira mais do que clara. Formas e cores, em sua obra, são sempre extremamente legíveis, a tal ponto que não se sabe mais se, no caso, se trata mesmo de plantas. Veem-se apenas placas de cores. Trata-se então verdadeiramente de um trabalho de pintor, e sua formação ou seu gosto são essenciais em seu relacionamento com o jardim.

A originalidade desse homem, no fundo, está na atração que ele sente por uma concepção inteiramente gráfica, possuindo, no entanto, ao mesmo tempo, um tal conhecimento das espécies que é capaz de encontrar exatamente aquela que convém a tal forma ou a tal placa desta ou daquela cor. Só ele sabe fazer isso. E no entanto, na outra ponta do leque dos partidos estéticos, alguns de seus jardins oferecem a natureza expressa com vida, e não apertada dentro de uma forma nem destinada a traduzir uma cor. Há, portanto, esses dois polos em seu trabalho: ainda que seus jardins sejam essencialmente "legíveis", como diz ele, eis que num dado momento ele se deixa, mesmo assim, guiar pela natureza. E sinal disso fui encontrar em suas coleções de plantas.

A propósito do trabalho de Burle Marx, será, sem dúvida, preciso falar também de sua maneira de utilizar e dispor os objetos. Possui ele, com efeito, não somente uma aptidão para conhecer e desenhar o espaço, mas também uma aptidão para colocar objetos, tais como esculturas, elementos de arquitetura etc. São objetos que ele concebe concomitantemente com o jardim e, caso não tenham sido realizados por ele, sua integração está por ele já de início prevista. Assim, é junto à fonte que as coisas encontram sua coerência, jamais aparecendo como uma sobrecarga dentro do espaço. Acho infinitamente incômodo que obras de arte, esculturas ou, de modo geral, peças tridimensionais sejam instaladas num jardim se, desde o início, não estiverem integradas no pensamento do criador. O resultado é sempre artificial, dando-nos a impressão de que algo está sobrando. Mas, como Burle Marx tem queda para isso, sabe como fazer. E sabe tão bem que, muitas vezes, ele próprio realiza as esculturas com a preocupação de integrá-las. E coisa que nunca faço; seria incapaz disso. Mas é grande a admiração que sinto porque acho certo fazê-lo.

Nessa prática, Burle Marx impõe-se, legitimamente, como *artista*, e não como paisagista. Essa é uma questão e uma dúvida que tenho com respeito a nossa profissão. A intervenção da arte na natureza levanta questões às quais é impossível fugir quando nos baseamos na própria função da vida. Burle Marx é realmente o exemplo-padrão do paisagista-artista que cria a obra. Desenha um jardim como um artista desenharia uma obra, é o autor completo desta coisa que é o jardim, *autor*, com os problemas de assinatura que isso implica. Ora, as plantas, pelo fato mesmo de brotarem, são, a meu ver, pelo menos colaboradoras nessa história. Sem dúvida, como em seu trabalho tudo está muito controlado, e estamos em pleno artifício, é possível à totalidade da obra permanecer durante muito tempo tal como ele a concebeu. A natureza está ali conhecida e cercada. Acho que ele pode vender um jardim como se vende uma obra de arte. Quanto a mim, nunca fiz isso, e aliás nem quero fazer. Não tenho essa vontade. Não me agradaria, porque desejo profundamente deixar que a natureza participe da invenção, aliás mesmo com risco de perda da qualidade artística. O que não é grave, uma vez que meu propósito não é esse.

Isso quer dizer que, a seu ver, o problema está em o artista ser artista de alguma coisa que, por si só, já é artista: a natureza. Há algo em sua reflexão que faz pensar que os processos naturais têm, eles mesmos, não somente direito à existência como também capacidade de produzir beleza.

É claro que a própria natureza, em seus processos, contém em si uma capacidade de produzir beleza. A arte em certos casos, e aí não estou falando de Roberto, pode parecer um pouco terrorista quando pega como material a própria natureza. Quanto a mim, não me situo de bom grado no registro da arte, e aliás nem no da arquitetura. Creio profundamente, creio de verdade que o homem, como ser vivo, lucra enormemente ao viver com, ao trabalhar com, isto é, ao colaborar num processo de energias conjuntas, o que só é possível fazer se compreendemos como as coisas ocorrem no plano energético. Nesse ponto a arte, o sistema, as referências estéticas correm o risco de desligar-se do material e de tornar-se autônomas e, portanto, formais.

Não sou insensível à arte das formas, mas podemos encontrar algo de artístico num simples processo. A beleza pode vir de uma situação ou de uma relação, como pode também provir de uma forma, isto é, de alguma coisa submetida ao olhar exterior. Se pessoalmente luto sem trégua contra o procedimento formalista e suas consequências estetizantes é precisamente porque ele corre o risco de petrificar-se e, ao fim e ao cabo, não entra numa problemática dinâmica.

Ora, é o movimento da vida o que me maravilha e é no processo que encontro beleza. O fogo, tema atual de minhas pesquisas, é um convite a ver como, em diferentes países, a natureza inventa procedimentos para recolonizar os solos calcinados.

Dentro dessa perspectiva de busca da beleza nos processos acionados pela natureza, nosso olhar e nossas referências estéticas sofrem uma guinada completa. A esse respeito, o trabalho de Roberto Burle Marx parece-me interessante, acho também bonito o que ele faz, mas trata-se, na verdade, de um procedimento diferente.

Você, porém, produz espaços definidos, jardins. Como incorpora então o fato de que cria artificialmente uma situação natural? Não seria seu raciocínio mais lógico se você dissesse: Vão olhar lá onde isso acontece, lá onde brota, lá onde vocês tiram fotos?

Provavelmente. Isso significa que nosso espaço de circunscrição do jardim é geralmente reduzido. Também pode ser grande, como um parque, por exemplo. No caso do trabalho de Roberto, o jardim é, com efeito, um espaço que sempre tem seus limites, no interior dos quais o artifício se faz obra.

A própria obra se compreende dentro dessa coerência harmônica, reforçada por todas as respostas técnicas e artísticas e pelos equilíbrios que existem entre as curvas, as cores, as verticais, as horizontais e as luzes.

Já no trabalho que faço, ao contrário – e isso sem querer em absoluto comparar-me a ele –, os limites estão eclodidos. O processo de vida que ponho em ação dentro do espaço por mim trabalhado não interessa unicamente a esse espaço, mas ao planeta inteiro. Portanto o jardim, ou o parque que vamos realizar, será uma espécie de índice, uma referência que remete a algo que acontece alhures, e cujos limites são os limites próprios da biosfera. É isso que nos dá a possibilidade de falar em jardim planetário. Nosso mundo é fechado; hoje sabemos cientificamente que estamos inscritos nos limites de uma finitude ecológica, que a biomassa não é infinitamente renovável ou, pelo menos, extensível, e somos nós os seus gerenciadores, como que dentro de um pequeno jardim.

A obra artística, portanto, é feita nessas condições, em referência a um sistema do mundo que é muito mais vasto, muito mais global do que este sobre o qual, aparentemente, um indivíduo trabalha. O jardim não pode escapar a essa regra.

Essa problemática globalizante tornou-se epistemologicamente possível a partir do dia em que a Terra foi vista da Lua.

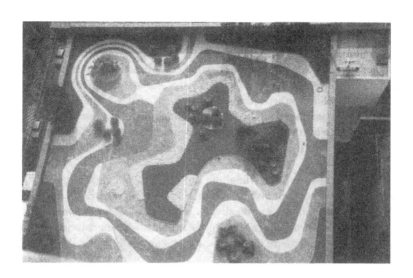

37. Jardim suspenso, Banco Safra, São Paulo.

38. Passagem a vau, residência Luís César Fernandes, Correias (Petrópolis).

Com certeza, tudo muda a partir do momento em que a Terra é vista. Quando você diz isso, sublinha a questão do olhar, que desemboca diretamente na da arte. A isso se acrescenta uma segunda perspectiva, não mais visual-estética mas epistemológica, que surge a partir do momento em que a Terra é compreendida em seu funcionamento pelas novas disciplinas científicas. Nasce daí uma preocupação planetária propriamente dita; e é efetivamente uma enorme revolução. Não digo que alguém como Roberto escape a ela. Acontece, no entanto, que Burle Marx desenvolve sua estética dentro de um processo estético alheio a essa revolução, só isso. Além do mais, como já ressaltei, ele é dos que mais atentos se têm mostrado com relação aos processos ecológicos. Simplesmente essas duas dimensões, em sua obra, mais se ombreiam do que se interpenetram.

6. Burle Marx na História da Paisagem Moderna

Uma conversa com ARNAUD MAURIÈRES

A. MAURIÈRES – Iniciei minha carreira como botânico. Tive um viveiro onde cultivava grande número de begônias, uma das quais se chamava *Begonia burle-marxii*, e foi assim que conheci o nome Burle Marx. Encontrei nessa época outras plantas, que também levavam o nome de Burle Marx, em particular um *Heliconia burle-marxii*, e, como a maior parte da flora brasileira fora descrita nos séculos XVIII e XIX, julgava que Burle Marx fosse um daqueles botânicos que deixaram seu nomes na história da descoberta da flora tropical. Vários anos depois, ao folhear uma revista de paisagens, vejo as fotos de um jardim que muito me encantou, ali apresentado como o jardim de Burle Marx. E foi assim, antes mesmo que me ocupasse com jardins – já que na época eu me interessava estritamente por botânica e plantas –, que Burle Marx se tornou para mim um nome mítico. Durante vários anos, permaneceu ele como uma referência relativamente abstrata, porque, na França, tínhamos poucas obras sobre a paisagem em geral e ainda menos sobre a paisagem moderna. Tais circunstâncias fizeram com que, antes mesmo que me dedicasse verdadeiramente à paisagem, Burle Marx fosse o único paisagista cujo trabalho conheci, embora em dose tão mínima.

Comecei por essa anedota exatamente para ilustrar o que me parece fundamental no trabalho de Roberto Burle Marx: sua relação essencial com a botânica. Seria impossível conceber um jardim sem um conhecimento extremamente preciso do mundo vegetal, e o que me interessa em seu trabalho é sua percepção da planta como uma ferramenta e um elemento de sua composição.

A semelhança do pintor com sua paleta de cores, o paisagista tem sua paleta de plantas e, visivelmente, a maior preocupação de Burle Marx está em ter um conhecimento perfeito de tudo o que o mundo vegetal encerra como possibilidade para que ele ponha em ação o seu conceito. Tal orientação, por mais normal que possa parecer, é de fato muito pouco praticada no mundo da paisagem, e a tendência mais frequente é dizer que é preciso escolher entre fazer um "jardim" ou fazer um "jardim botânico". Ruinosa alternativa. Se orientarmos um jardim para a apresentação da diversidade vegetal, os conhecimentos botânicos virão espontaneamente alimentar tal conceito; mas por exemplo, se quisermos compor um jardim fortemente colorido – como acontece com frequência na obra de Burle Marx –, o objetivo exige que utilizemos a planta mais vermelha ou a mais amarela, ainda que seja uma planta comum, sem qualquer valor botânico. O paisagista deve escolhê-la, e foi o que Burle Marx fez. A botânica deve submeter-se ao conceito do jardim. Não existem plantas raras ou não raras, existem plantas exatamente necessárias à tradução do conceito para o espaço e a cor.

Burle Marx pode permitir-se essas escolhas, que às vezes espantam, precisamente porque ele tem este conhecimento, mundialmente reconhecido, da totalidade do material vegetal disponível. Mas, paradoxalmente, ao lado dessa capacidade de utilizar as plantas mais comuns, se necessário, os jardins de Burle Marx podem, em contrapartida, dar prova de uma extrema riqueza vegetal, fruto, ela também, de seus conhecimentos botânicos.

Quando tomamos consciência do catálogo das plantas utilizadas nos jardins franceses, o que nos surpreende é a extrema pobreza com que os paisagistas trabalham por aqui. Amiúde ouvimos o argumento segundo o qual seria mais fácil ter acesso a essa grande diversidade botânica e cuidar de sua manutenção num país equatorial e tropical como o Brasil, dono de uma vegetação mais variada. Argumento esse evidentemente insustentável, pois num país temperado como a França, temos a sorte de possuir na zona mediterrânea uma flora quase tropical, lado a lado com uma flora alpina, temos a sorte de ter quatro estações bem marcadas; podemos, portanto, desenvolver um vocabulário botânico muito amplo. Chocamo-nos aqui mais contra a força dos hábitos, até mesmo contra uma certa preguiça nas técnicas da aclimatação, que nos faz tocar escalas em cima de três notas.

J. LEENHARDT – *Na verdade, sua trajetória é inversa à de Roberto Burle Marx. Ele, Burle Marx, partiu de uma formação de artista pintor e, daí, saiu à descoberta da planta e de sua riqueza*

39. Bambus. Residência Raul de Souza Martins, Petrópolis.

plástica. Foi assim que se tornou paisagista. Você, ao contrário, foi partindo do saber botânico que se encaminhou para o trabalho estético do paisagista.

De fato. No momento em que senti vontade de exprimir-me dentro da ordem estética, só tinha à minha disposição um único material: a planta. Era incapaz de traduzir para a música ou para a pintura o que queria exprimir. Meu único instrumento era a botânica e seu objeto, as plantas.

Na verdade, comecei comportando-me como artista plástico. Uma das primeiras exposições que realizei com Eric Ossart era uma apresentação de trabalhos efêmeros, concebidos com base numa determinada visão pessoal do jardim japonês. Essas montagens e instalações não se situavam em espaço externo, natural, mas no interior de um espaço de museu. O que remetia talvez ao campo da escultura, mas como éramos incapazes de manipular o bronze, a madeira ou o gesso, havíamos utilizado vegetais. Na prática, extraímos certos elementos próprios do jardim japonês, retirando-os de seu contexto de jardim, onde são considerados como simples elementos de composição, para reproduzi-los, reapresentá-los num espaço totalmente artificial, a fim de exprimir seu valor plástico intrínseco. De certa forma, tratava-se de operar um deslocamento, um distanciamento do jardim, concebido, a partir de então, como conjunto de objetos plásticos. Nossos conhecimentos botânicos permitiam-nos instalar musgos e outras plantas dentro de um ambiente hostil e mantê-los vivos. Por outro lado, compúnhamos sobre bases minerais, como pedras, areia, cascalhos, que, no conjunto, constituíam esculturas de interior ou quadros, uma espécie de metáfora do jardim.

Agora está claro, depois de passar por todas essas experiências, de início dentro da galeria, em seguida em tamanho "natural", que para mim o mais belo jardim é a própria natureza. Meu jardim preferido não é nem de Burle Marx nem de Le Nôtre, são os espaços naturais nos quais me sinto bem.

Voltemos, então, a essa dimensão particularmente plástica do jardim dentro da obra de Roberto Burle Marx.

Para dizer a verdade, uma das coisas que mais admiro na obra de um artista como Burle Marx é sua capacidade de traduzir as sensações, ou os conceitos, buscando apoio numa grande variedade de meios: a pintura, a escultura, o desenho, o tecido e, naturalmente, o jardim. Após conceber um plano meticulosamente desenhado, balanceado, de equilíbrios muito estudados, consegue ele, sem qualquer perda, traduzir no campo do espaço real, da luz e da caminhada, exatamente aquilo que concebera. Trata-se, no caso dele, de uma capacidade absolutamente excepcional, marca do verdadeiro artista. Não há, que eu saiba, outro exemplo, no campo do jardim moderno, de uma realização tão perfeita como a dos jardins de Burle Marx. É possível, sem dúvida, lembrarmos ocasionalmente o exemplo dado por Guévrékian na Villa Noialles, em Hyères, mas de imediato é preciso estabelecer a diferença, pois o que choca é a ausência total de conhecimento do vegetal na obra de Guévrékian. Chamado de cubista, esse jardim traduzia sem dúvida um movimento artístico no *espaço* do jardim, tradução, porém, que manifestamente padece da pobreza dos conhecimentos botânicos de seu autor e não consegue chegar, portanto, a um *conceito* de jardim. A tal ponto que quando foi necessário restaurá-lo, o problema foi saber que vegetal poderia ser ali plantado, dado o fracasso do plantio de origem. O que é verdadeiramente importante, na obra de Burle Marx, é que ele foi o único capaz de traduzir o movimento artístico moderno no campo da paisagem.

Por ser antes de tudo artista, Burle Marx liberta-se, logo nas suas primeiras realizações, do peso da história dos jardins.

Na verdade, a arte dos jardins sempre acompanhou as artes plásticas. Há jardins renascentistas que acompanham a arquitetura e, em menor medida, a pintura renascentista, jardins clássicos que acompanham a arquitetura clássica; em seguida jardins românticos acompanham a pintura romântica, e assim por diante até o período contemporâneo. Cumpre dizer, porém, que, no que tange ao período moderno, este era extremamente mal definido no domínio do jardim, em parte, sem dúvida, porque a guerra desempenhou um papel considerável na Europa, seja mediante uma enorme destruição de jardins, seja, sobretudo, ao instituir outras urgências que não a de inventar um jardim moderno. Em sentido oposto, o Brasil, que não precisava reconstruir-se, mas construir-se, manifestava nesse mesmo período uma ânsia de identidade que acabaria por realizar-se, no jardim, através de Burle Marx. Faziam-se necessários, sem dúvida, homens da têmpera de um Burle Marx para dar a essa ânsia de identidade, que então se afirmava, a tradução que merecia, numa linguagem ainda toda por inventar. O contexto político, social e histórico no qual a obra de Burle Marx se desenvolveu era evidentemente favorável a inovações que, de nossa parte, na Europa, dificilmente podíamos imaginar.

Após dois séculos de imposição de modelos tanto estéticos quanto botânicos, sentia-se no Brasil uma necessidade, assinalada igualmente na literatura e nas artes plásticas, de encontrar o ca-

ráter próprio dessa cultura autóctone. Burle Marx pertence evidentemente a esse modernismo brasileiro que toma algo à Europa mas, ao contrário do modernismo hispano-americano, é muito mais autônomo, numa forte afirmação de identidade própria.

Sim, e vou até mais longe. Pelo menos nesse domínio, se devemos atualmente buscar uma referência de jardim moderno, é no Brasil que nos cumpre buscá-la. Ainda que se tenham feito algumas coisas na França, elas são raras e com frequência surgem mais tardiamente. Um jardim "modernista" francês que poderia ser comparado ao trabalho de Burle Marx seria o Parque Floral de Vincennes, de data infinitamente mais tardia. Isso significa que viemos na esteira de uma reflexão já desenvolvida desde os anos 30. E de fato, não só Vincennes vem tardiamente, mas percebe-se bem que ali os princípios são seguidos com menos entusiasmo. Há uma falta de generosidade flagrante. Vincennes é um jardim que permanece prudente, excessivamente pudico, o que, no balanço final, acaba por transformar-se numa catástrofe, precisamente por ter faltado à sua concepção aquela empolgação sempre presente no início dos grandes períodos de inovação artística. É nos primeiros anos de um movimento que a energia inovadora permite que os artistas nele se inscrevam e deem o melhor de si mesmos. Depois a empolgação perde o fôlego, os artistas esgotam-se e o resultado se faz conhecido. Os poucos elementos de referência que temos na França no tocante a um jardim moderno são excessivamente tardios para serem convincentes. Além do mais, surgem num contexto social e histórico anuviado demais para terem a força que ostentam os jardins de Burle Marx. Não há dúvida de que podemos discutir a estética dos jardins de Burle Marx, mas criticá-los não tem sentido: são modernos, pertencem ao período moderno, e a nós compete fazer jardins contemporâneos.

Para descrever a força energética dos jardins de Burle Marx, o termo que espontaneamente me vem ao espírito é "generosidade". Ficamos siderados, contemplando os projetos de seus jardins, que aliás são verdadeiras pinturas, ao constatar que ele vai até o fim. Tomando-se o exemplo de seu arranjo para a orla costeira de Copacabana, se imaginarmos todos os constrangimentos impostos a um arranjo de tipo urbano, e ademais em zonas particularmente difíceis dada a pressão turística, observamos que a passagem do projeto para a realização foi totalmente controlada e, sem sabermos como o conseguiu, temos a impressão de que ele estava lá, atrás de cada um dos intervenientes, para fazer com que aquilo que fora concebido fosse de fato realizado tal qual havia sido concebido. O que, mais uma vez, nos leva ao contexto político: foi absolutamente necessário que ele tivesse o respaldo de um governo, de um país que, em busca de uma afirmação de identidade, fizesse respeitar até o fim o que o artista tinha a oferecer, permitindo-lhe assim realizar seu conceito até as últimas consequências.

Na verdade, na Europa, não houve condições para que tivéssemos um movimento de criação modernista no jardim. O movimento modernista, pelo menos na França, foi essencialmente uma volta ao classicismo, classicismo atualizado sem que houvesse uma verdadeira ruptura com o passado. Os paisagistas não escreveram sobre uma página em branco, como Burle Marx pôde fazê-lo. Entre 1900 e a Segunda Guerra Mundial, observamos uma excessiva contenção, mesmo no caso de Russel Page, de quem muito se fala mas que dificilmente vejo como uma bandeira do movimento modernista, como o podemos dizer de Burle Marx. A arte dos jardins e o paisagismo ficaram muito aquém da força desenvolvida pelos pintores e escultores. E quando digo que o jardim moderno na França não passa de um jardim neoclássico revisitado, caberia objetar que nele surgem essências novas que proporcionam uma nova *imagem* do jardim. Associada a espaços mais restritos, no domínio privado, por exemplo, essa imagem dá um caráter sensual aos jardins modernos da Europa, sensual pela cor, pelo perfume, pela diversidade das inspirações que sempre evocam, num ou noutro momento do passeio, uma lembrança pessoal. É verdade. Os paisagistas do início do século possuíam um conhecimento renovado do mundo vegetal, consequência da descoberta, no século XIX, de sua diversidade e das experiências de aclimatação que acompanharam os retornos de nossos botânicos viajantes. Os industriais, a classe ascendente da época, disseminaram pequenas missões botânicas por todas as partes do mundo, missões que alimentaram autênticas coleções botânicas e renovaram as espécies indígenas dos jardins. No início do século XX, os paisagistas valem-se de um vocabulário vegetal e histórico exaustivo para compor seus jardins. Mas nem por isso recriam eles, naquele momento, uma nova forma. Recicla-se um antigo vocabulário de formas, nele colocando novos vegetais. O resultado estético é indubitavelmente notável mas, sob o ponto de vista da invenção de uma nova cultura das formas, ficamos muito aquém do que pode existir em outros domínios artísticos. Recuperam-se vocabulários do passado, que remontam aos séculos XVIII, XVII, XVI, e até mais para trás, visto que vamos encontrar o vocabulário dos jardins islâmicos tal como a Idade Média no-lo havia transmitido. E o que Burle Marx nos traz é o conceito total de um jardim modernista. Foi ele que definiu, e sobretudo construiu, o vocabulário da época moderna. Hoje, no jardim contemporâneo, assistimos a uma eclosão, tanto nos Estados Unidos quanto na Europa. Essa redefinição do vocabulário das formas distancia-se muito profundamente de Burle Marx, como se distancia, aliás, de nossos períodos clássico ou romântico, medieval ou renascentista. Mas em se tratando da época moderna, força é buscar no Brasil a referência burlemarxiana.

Arnaud Maurières, deixamos um pouco de lado a questão da relação do paisagista com o pintor e o artista plástico em geral. Não conviria voltar a ela agora?

É evidente que todos os paisagistas sonham com ser artistas plásticos, assim como os que fazem jardins particulares sonham com fazer parques públicos, e vice-versa. Já Burle Marx foi ótimo tanto nos jardins públicos quanto nos privados, e isso porque, em primeiro lugar, ele é um artista plástico. O artista plástico não tem contenção, não tem pudor, poderíamos dizer. E sabe impor seu conceito, sem concessões. O paisagista, um pouco como o arquiteto, sente pesar sobre si exigências de cunho utilitário, e essas exigências o freiam. Sente-se acuado por referências em relação a seus colegas, em relação à encomenda, sobretudo se for encomenda pública. É sempre tentado a buscar uma resposta que satisfaça a todos, e frequentemente perde assim sua personalidade em contato com um feixe de imposições oriundas dos clientes, todos eles, aliás, cobertos de razão. Não que eu tenha ilusões: Burle Marx também sentiu essas exigências e imposições, mas quando vemos seus jardins o que fica evidente é que, no momento em que seus clientes – sejam eles públicos ou particulares – lhe fizeram a encomenda, foi ele, Burle Marx, quem chefiou a obra.

Não há dúvida. Mas em seus textos e em suas intervenções no colóquio de Crestet, Burle Marx também sempre insistiu que reconhece a importância da demanda social. Sempre se prontifica a fazer jardins que não sejam apenas obras sob o ponto de vista do artista que ele é, mas que também se adaptem àqueles que serão seus usuários. Talvez haja aí uma contradição entre a ideia de uma onipotência do artista criador e a noção de paisagista tal como Burle Marx a defende e vive.

Sim e não, porque em seu caso – como você o sublinha –, foi ele próprio quem incorporou essa dimensão em sua reflexão pessoal sobre o jardim, ele é quem se impõe limites, não os clientes; ele quem faz do lugar do passeante ou do visitante de jardins um dos elementos restritivos a integrar em seu conceito. É essencial que o passeante, já de início, faça parte da concepção que possamos ter do jardim. Só que, se essa integração é concebida, já de início, pelo próprio artista, não mais poderemos falar verdadeiramente em imposição externa, visto que ela é inerente ao conceito do jardim. Quando falei na frustração dos paisagistas, fazia alusão ao fato de

40. Gabriel Guévrékian, jardim do visconde Charles de Noailles, Hyères, 1927-1928.

41. Avenida Atlântica, Copacabana, Rio de Janeiro.

que, com bastante frequência, essa preocupação não existe na origem. A frustração nasce a partir do momento em que os clientes fazem uma imposição que, por não estar integrada ao conceito inicial, parece exterior e frustrante em relação à vontade artística do paisagista. É nesse momento que o paisagista perde de verdade o domínio operacional de seu trabalho. É quando, preocupado em aparecer como "artista" (e portanto despreendido das constrições materiais), ele descura de integrar elementos tão essenciais quanto aqueles implicitamente impostos à encomenda, passando estes a exercer, como consequência, uma pressão que lhe parecerá insuportável. A partir de então, instala-se um divórcio entre esses dois aspectos do ofício, tão integrados na personalidade de Burle Marx. Entre nós, frequentemente, esse divórcio tanto provoca dramas estéticos como pessoais. Creio que um dos grandes problemas do paisagista, neste momento, na França, é que ele tem todas as possibilidades de perder o domínio de seu trabalho porque, de início, não integrou suficientemente as exigências e imposições inerentes a esse mesmo trabalho.

Voltemos, ainda uma vez, ao exemplo de Copacabana. Imaginemos a situação: o prefeito ou o governador diz a Burle Marx: "Dê um tratamento à praia de Copacabana". Imagino agora a mesma cena na França: "Dê um tratamento à Promenade des Anglais". Aposto minha cabeça: numa semana, o paisagista estará de pés e mãos atados diante do arquiteto e do urbanista; e por seu turno, arquiteto e urbanista estarão de pés e mãos atados pelo engenheiro que trabalha nos serviços de infraestrutura, e vai por aí afora. Não se trata aqui, naturalmente, de imputar tal situação apenas ao paisagista. Cabe-nos simplesmente meditar com seriedade sobre o exemplo de Burle Marx. Se ele conseguiu fazer o que fez no Brasil, embora, sem dúvida, em circunstâncias outras, não há por que não podermos fazer o mesmo na França. O paisagista deve trazer, para a criação dos jardins, a imagem de seu tempo; deve traduzir, graças aos materiais que compõem a paisagem – vegetais ou minerais –, um conceito em harmonia com as demais expressões artísticas, sejam elas musicais, pictóricas ou outras. Mas também devemos cuidar para que se integrem nesse conceito as imposições implícitas da encomenda, a fim de permanecermos na chefia da obra, a fim de simplesmente permanecermos nós mesmos.

Qual seria, portanto, sua definição do jardim contemporâneo?

Para não responder diretamente à pergunta, vou-me refugiar atrás do fato de que, em todos os movimentos artísticos, foi aos escritores e aos críticos de arte que coube a tarefa da definição, e só muito raramente os artistas plásticos, aos quais associarei os paisagistas, tenham dado eles mesmos uma definição de seu conceito. Contudo, se não defino meu conceito, posso definir-lhe a posição. Posição que é a da abertura: abertura para as outras profissões que, de maneira crescente, agem sobre a paisagem, por necessidade ou por vontade. Atores por necessidade: são, a meu ver, todos os urbanistas, arquitetos etc; atores por vontade: penso, antes de mais nada, nos artistas plásticos, ceramistas, escultores e *designers*. Abertura, sobretudo, para a apreensão da paisagem em toda a sua realidade, tanto espontânea quanto agrícola. A mutação da paisagem deve vir acompanhada pela transformação do olhar e do gesto dos atores dessa paisagem. Procuro integrar em meu conceito todas as dimensões da paisagem, sem separar o microcosmo do jardim do macrocosmo que constitui a "grande paisagem". Por outro lado, não quero ficar ausente da reflexão sobre a composição, a valorização, a produção dessa "grande paisagem". Nesse particular, os movimento da Land Art, da "arte pobre" italiana, da nova escultura inglesa dão conta de uma definição contemporânea da arte da paisagem. Retorno aos ofícios, desvio de todas as formas, ornamentação com todos os vegetais: a paisagem, nosso jardim... são efêmeros.

7. O Eclipse Moderno do Jardim
Jean-Pierre le Dantec

Os dois últimos capítulos do célebre estudo que Carl E. Schorske consagrou à eclosão da modernidade vienense[1] intitulam-se "Transformação do Jardim" e "Explosão no Jardim".

Títulos paradoxais esses, pois, embora não hesite em fazer do jardim um dos palcos privilegiados onde se representa, tragicamente, a emergência da modernidade ocidental na conjunção dos séculos XIX e XX, Schorske nada diz, ou quase nada, sobre as transformações que afetam a arte dos jardins nessa mesma época: seus dois estudos, com efeito, concernem à análise das mutações da sensibilidade das elites sociais e artísticas vienenses através da representação "ideal" do mundo que é o jardim, visto não pelos jardinistas, mas por escritores (Stifter, Hofmannsthal), pintores (Kokoschka) e músicos (Schoenberg).

Essa ausência dos jardinistas não é fortuita. Indica, a um tempo, uma importância reconhecida (o lugar do jardim na cultura ocidental) e a obscuridade que cerca a história do jardim culto na época moderna. Ou ainda: é o sintoma da crise que tem afetado a arte dos jardins, e mesmo a própria ideia de jardim, na época moderna.

Essa crise, que se irá aprofundando até transformar-se numa quase desaparição, resulta de vários e emaranhados fatores. Com a modernidade, de fato, constitui-se um mundo industrial, democrático e urbano que dificilmente se conjuga com a arte dos jardins

1. Carl E. Schorske, *Vienne fin de siècle*, Paris, Seuil, 1983.

42. Monet e Gustave Geffroy.

tal como a tinha produzido a cultura ocidental. O jardim culto supõe a singularidade de um local, a permanência duradoura, e reclama cuidados constantes; ora, tais condições são pouco compatíveis com a padronização, a internacionalização, a rapidez e, em geral, com os modos de vida próprios da modernidade industrial. Por outro lado, a democratização da sociedade vai de encontro à tradição predominantemente aristocrática da qual se originou a arte dos jardins. Não apenas em termos de uso, de manutenção – e portanto, de mão-de-obra –, de disposição real e simbólica (as amplas vistas a cavaleiro que caracterizam tanto o jardim francês clássico quanto o jardim inglês) do solo, mas também porque, congenitalmente, poderíamos dizer, as duas posições de recuo em que é obrigada a desenvolver-se uma arte "democrática" dos jardins são pouco favoráveis à procura desse *novo* que caracteriza, desde Baudelaire, a arte moderna: quer se trate, com efeito, de jardins privados dominados (o mais das vezes) por um gosto burguês ou pequeno-burguês veiculado por uma imprensa e uma literatura *ad hoc*; quer de criações resultantes de encomenda pública, que, estamos fartos de saber, anda associada com o academismo, isso quando não se afunda na arte oficial. Finalmente, a urbanização, ao mesmo tempo que clama por implantações vegetais nas aglomerações e gera preocupações ecológicas atinentes aos diversos tipos de poluição, deu à luz uma técnica de gestão do fenômeno chamada *urbanismo*, técnica essa que, espontaneamente, trata (ou melhor, crê tratar) esses problemas em termos (os únicos quantificáveis) de "necessidades", o que se traduziu pela invenção de um novo vocábulo usado em substituição a palavras como jardins, parques etc: o *espaço verde*.

Esse enovelado de novas imposições e de contradições explica as dificuldades do jardim culto na modernidade e o curso um tanto agitado de sua história. Podemos, todavia, distinguir algumas etapas, centradas em torno de pontos essenciais.

1. Se o local essencial da criação hortícola e jardinista inovadora fora, na Europa de meados do século XIX, o espaço público urbano[2], é evidente que, chegado o fim do século, as fórmulas elaboradas dentro desse quadro, sob o título mais ou menos comum de "estilo paisagístico", estão prestes a esgotar-se. Assim o alfandismo, de certa maneira um paradigma desse estilo, acha-se em vias de ossificação dogmática e acadêmica já desde 1875. De fato, as únicas criações vizinhas no plano formal que escapam a essa degenerescência são as propostas norte-americanas de Frederick Law

---

2. Tendo sobretudo como figuras de proa Barillet-Deschamps, em Paris; Lenné, em Berlim; Paxton, na Inglaterra; Law Olmsted, em Nova York.

Olmsted e de Calver Vaux, sustentadas que estão por duas diferenças importantíssimas: uma escala espacial urbana completamente diversa e a inserção numa sociedade mais aberta e democrática do que suas homólogas europeias. Daí porque, para que as criações públicas voltem na Europa a ocupar o centro dos jardinismo inovador, será preciso esperar que Forestier proponha uma renovação completa (inspirada no exemplo norte-americano) do alfandismo em *Grandes villes et systèmes de pares*[3], e em seguida desenhe novos parques e jardins urbanos em estilo *art nouveau* e, posteriormente, *art déco*. Trata-se porém, apenas de uma acalmia: a crise recrudescerá de outra maneira com a emergência do urbanismo de zoneamento, mais ou menos caucionado pelo movimento moderno na arquitetura, que preconizará o espaço verde.

2. Essa situação implica o fato de que não foi dentro do espaço público das cidades europeias que uma arte inovadora dos jardins apareceu no fim do século XIX, e sim em algumas criações privadas. Impressionismo, japonismo, Nabis e *art noveau* não encontram eco jardinista na França senão nos jardins de Monet, em Giverny, ou nos de Albert Kahn, em Boulogne-Billancourt; e é para uma clientela privada, que representa uma espécie de aristocracia média, que William Robinson e Gertrude Jekyll inventam uma versão inglesa do impressionismo em torno dos conceitos de *wild garden* e de coloridas *mixed borders*, fórmula que a norte-americana Beatrix Farrand adapta e reinterpreta em proveito de sua rica clientela particular. Assim também, a volta progressiva ao geometrismo lucra com a demanda, oriunda da alta aristocracia nobiliárquica ou financeira, de recuperação de suas grandes propriedades que comportam partes clássicas: na França, em particular, sustentada pelo clima ideológico criado em torno da *Action française*, que vê no jardinismo do *Ancien Régime* uma manifestação da "inteligência" (Louis Corpechot), essa demanda encontra, no ateliê de Henri, e depois no de Achille Duchêne, um avalista talentoso; mas o fenômeno estende-se a toda a Europa e mesmo até a América, como o testemunha a luta de Reginald Bromfield em prol da promoção dos jardins barrocos ingleses e, de modo mais geral, por um retorno à regularidade geométrica,

3. Por conseguinte, no início do século XX, a arte dos jardins no Ocidente oscila entre um neopaisagismo impressionista e um neoclassicismo arcaizante: nisso participa das mesmas hesitações experimentadas pelas outras artes, as "nobres" e as chamadas decorativas, divididas entre pré-rafaelismo e neoclassicismo, japo-

---

3. J. C. N. Forestier, *Grandes villes et systèmes de pares*, Paris, Hachette, 1906.

43. Paul Vera, conjunto de canteiros de sua casa em Saint-Germain-en-Laye, aquarela sobre papel, cerca de 1920.

44. Jardim triangular do Ministério das Forças Armadas.

nismo e primitivismo, movimento *arts and crafts* e *Art nouveau*... Não há dúvida de que o "estilo misto", preconizado por Vacherot, pretende resolver essas contradições estéticas, mas também é sua intenção adaptar-se ao novo curso social e político[4]. No entanto, é para a afirmação de partidos mais nitidamente diferenciados que se vai encaminhar progressivamente a arte dos jardins.

Assim é que um formalismo geométrico se afirma e reivindica para si a designação de moderno. Todavia, como mostrará a Exposição de Artes Decorativas de 1925 em Paris, acha-se ele dividido entre duas correntes:

a) o estilo *Art déco*, prolongamento do neoclassicismo mais ou menos arcaizante a que já fizemos menção: teoricamente centrada em torno de André e Paul Vera, essa corrente é internacional, embora seu espírito convenha especialmente bem aos arquitetos paisagistas e jardinistas formados dentro do espírito "Beaux-Arts" francês[5].

b) o estilo "cubista" que pretende integrar as interrogações espaciais e coloristas da pintura de vanguarda: ainda aí se trata de uma corrente internacional mais ou menos atrelada, segundo as áreas culturais, ao Bauhaus, ao movimento *De Stijl*, ao construtivismo etc, na medida em que sua denominação, ligada à posição central de Paris dentro do movimento artístico, designa mais um formalismo superficial indexado à moda do que uma preocupação de interrogar o espaço e a cor de modo revolucionário.

Na contramão desse geometrismo, outra poderosa corrente do jardinismo evolui do impressionismo de bom-tom (vitoriano?) de Gertrude Jekyll, de Charles Platt ou de Beatrix Ferrand para um paisagismo renovado. Muito amiúde esse movimento satisfaz-se com ideias vagas do tipo "o princípio maior é o de preservar o mais possível as qualidades que encontrávamos anteriormente nas paisagens" (Henry-Russel Hitchcock). E embora pareça formalmente contradizer a estética arquitetural do movimento moderno, é ele que domina os projetos urbanos de Le Corbusier, onde os imóveis de redentes sustentados por pilotis erguem-se num espaço livre plantado "sem ordem aparente"[6]. Esse *flou* vegetal – também pre-

---

4. Visto que Vacherot afirma que o estilo misto, uma vez adaptado a todas as escalas espaciais, públicas ou privadas, seria um estilo "democrático".

5. Notemos que muitos deles, após Forestier e dentro de um espírito que continua o dos traçados urbanos clássicos aparentados ao jardinismo da escola de Le Nôtre, também serão urbanistas que integram em seus projetos parques e *parkways* de desenhos regulares.

6. A expressão é de Forestier, que entretanto, na ocasião, defendeu Le Corbusier, mandando retirar a paliçada que dissimulava o pavilhão do Espírito Novo na Exposição das Artes Decorativas de 1925. Comentando o aspecto "jardinista" dessa criação, ele efetivamente escreve: "Na frente da construção de caráter tão decidido do Espírito Novo – obra de Le Corbusier –, alguns arbustos e, quando muito, algumas flores haviam sido, de propósito, dispostos muito irregularmente sobre os gramados que a cer-

sente na escolha de essências – participa do realce dado aos objetos arquitetônicos "cartesianos" fortemente estruturados. Mas, pelo desinteresse que denota em relação a uma criação hortícola específica, tem, evidentemente, sua parte de culpa na generalização desta negação do jardim que é o espaço verde.

Para encontrarmos uma criação jardinista à altura das ambições artísticas do movimento moderno em arquitetura, precisamos, portanto, voltar-nos para o mexicano Luis Barragán ou, mais precisamente ainda, para o brasileiro Roberto Burle Marx. Foi este último praticamente o único que soube inventar um jardinismo moderno incorporando o espírito de pesquisa plástica (sobre a forma e a cor) do movimento europeu dos anos 30. Por quê? Em nada lhe diminuiremos o gênio se pusermos em destaque a situação excepcional, social e botânica, por ele vivenciada e da qual soube tão magnificamente tirar partido. O Brasil e, de modo geral, a América do Sul tropical, proporcionaram-lhe, com efeito, os recursos de uma flora particularmente bem adaptada às exigências de um neoplasticismo ávido por cores primárias e massas coloridas. E, mais importante ainda, as condições sociais desses países, nos quais grandes fortunas ombreiam com a miséria geral, permitiram-lhe encontrar não só clientes abonados como também mão-de-obra barata – isto é, condições muito semelhantes àquelas que haviam visto florescer a arte dos jardins na Europa.

Sob esse aspecto, a obra de Burle Marx poderia aparecer como um canto do cisne: o de uma arte de essência aristocrática incapaz de encontrar seu lugar nas modernas sociedades democráticas. Contudo, não penso assim. Ao assegurar a perenidade do jardim culto numa época sacudida pela ruptura com todas as tradições e pelas convulsões econômicas, sociais e políticas, ela desempenhou, antes de tudo, o papel de testemunha principal: comprovou o fato de que uma arte dos jardins modernos era possível, demonstração sem a qual sua atual renovação provavelmente não teria podido ocorrer.

---

cavam. Dentro do próprio edifício, uma peça, cuja face mais larga era completamente aberta sobre a fachada, estava reservada para um jardim dentro do apartamento. Os locais destinados à terra e às plantas eram largas jardineiras colocadas contra as paredes. Sem ordem aparente, lado a lado, viam-se ali plantadas árvores rústicas e algumas flores" ("Les jardins modernes de l'Exposition des arts décoratifs", *Gazette illustrée des amateurs de jardins*, 1925).

8. Roberto Burle Marx, o Elo que Faltava

Michel Racine

A despeito das obras que lhe são consagradas, de sua fortíssima presença e da grande alegria que sabe transmitir por ocasião das poucas manifestações de reconhecimento, ostensivas e fugazes, entre as quais se pode também incluir sua última visita à França, Roberto Burle Marx e sua obra continuam praticamente desconhecidos na Europa. A fim de prolongarmos a vinda do mestre ao Centro da Arte do Crestet e à Escola Nacional Superior de Paisagem de Versalhes, em 1992, gostaríamos de tentar situar sua obra e propor algumas respostas às questões que ele nos formula. Assim, por que o jardim sobreviveu e se desenvolveu no Brasil no momento em que desaparecia na Europa? Essa desaparição só se explica pela guerra e pelo movimento moderno? Como evoluiu o lugar do jardim dentro da cidade, dos anos 30 aos dias de hoje? Que lugar ocupa o jardim em relação à paisagem? Qual o lugar do paisagista em relação ao urbanista e ao arquiteto? São os paisagistas chamados para calcarem suas intervenções sobre as dos arquitetos, que implantam seus edifícios nos quatro cantos do mundo, ou devem diferenciar-se deles, enraizar-se no conhecimento aprofundado de alguns "países" urbanos ou rurais, tornar-se paisagistas de países, abertos às interrogações do planeta?

Com uma mestiçagem Norte-Sul inscrita em seu próprio nome, com o coração e os sentidos do lado de sua mãe, de sua terra, da natureza brasileira da festa (Roberto), do Mediterrâneo (Burle) e com a cabeça do lado do pai, do norte da Europa, da circulação das ideias, de uma cultura artística e ecológica internacional (Marx), Roberto Burle Marx responde a essas perguntas com uma prática profissional exemplar. Nada aqui de teoria "à francesa" nem de "conceitos" estrepitosos. Poucos escritos mas o verbo soberbo, abundância de obras, jardins, pinturas, esculturas, exposições, conferências e um homem alegre na pesquisa botânica, na coleção, tanto quanto na música e no conjunto das artes plásticas. Compreendê-lo melhor é também melhor nos conhecermos, nos situarmos e escolher orientações para um ofício em plena mutação, é religar-nos à história dos grandes criadores de jardins, chegar mais perto do que chamamos de jardim, país, paisagem, paisagista, e dar a esses termos um sentido contemporâneo.

Mas para ter acesso a seus trabalhos – que merecem mais do que uma atenção passageira –, para compreender o que trazem de eminentemente estimulante para aqueles que hoje ambicionam criar jardins e paisagens, é preciso ainda sair dos lugares-comuns, vencer as resistências à assimilação de outra cultura, reduzir a distância transatlântica que nos separa e posicionar Burle Marx em relação a diferentes criadores: os paisagistas franceses dos anos 20 e 30, os arquitetos e os artistas do renascimento moderno do Brasil (1940-1970), certas tendências paisagísticas de hoje.

As dificuldades para compreendermos Burle Marx são numerosas. De início, a maioria de suas criações datam de um período em que, na Europa, jardim e paisagem infelizmente não mais estavam na ordem do dia. Depois, temos necessidade, particularmente na França, de poder situar um criador. A distância não facilita as coisas. Raros são os que viram suas obras, seus jardins, a não ser em fotos, raros os que os viram *in loco* e junto a sua arquitetura. Só subsistem formas e cores, tanto nas fotografias quanto nos projetos. Outra dificuldade: se o conhecimento das plantas de nossas regiões já não é fato dos mais comuns, o da flora tropical na terra de origem o é ainda menos; as cargas sensuais e simbólicas das pedras e plantas do Brasil continuam estrangeiras para nós, e não será com nossas plantas de apartamento que iremos ter uma ideia do que significam. Enfim, com uma produção de igual qualidade nos domínios da pintura, da escultura e da paisagem, Burle Marx é dificilmente isolável numa única faixa profissional. Não há corporação ou especialista que dele se possa apropriar por completo. Com obras que participam com o mesmo brilhantismo do período heroico do movimento modernista dos anos 30, do "renascimento" da arquitetura e das artes brasileiras dos anos 40 a 70 tanto quanto das pesquisas recentes com vistas a uma abordagem ecológica do jardim, sua capacidade de renovar-se com uma insolente juventude desmantela nossas classificações. Quanto ao qualificativo de "paisagista do século XX" empregado por alguns, não ajuda a compreender

Burle Marx. Tem o defeito de encerrá-lo dentro de uma disciplina, mas também tem o mérito de arrastar-nos para dentro de sua obra e fazer-nos descobrir o quanto o ofício de paisagista é feito de sapiências e habilidades múltiplas.

Pois se jardim e paisagem estão hoje de volta, tanto em nossas preocupações sociais quanto, com certeza, entre os profissionais, grande é a carga de ambiguidade que pesa sobre os dois termos. Grande é o risco de vermos, uma vez mais, as preocupações sociais dos jardins e paisagens traídas por mestres-de-obras e profissionais que buscam afirmar-se mediante objetos autônomos, reduzidos a uma imagem. Os espaços públicos fechados sobre si mesmos, o plantio a qualquer preço – sem preocupação com a gestão – e os larguinhos "paisagísticos", que de uns tempos para cá proliferam na França, são, sob esse aspecto, as ilustrações de uma tendência inquietante, a tendência dos "gestos paisagísticos" calcados sobre aqueles gestos arquiteturais isolados, imodestos, custosos e tão frequentemente derrisórios, já nossos conhecidos de várias décadas.

Felizmente são outras as tendências que se manifestam quando mestres-de-obra e profissionais sabem afirmar-se na modéstia e no longo prazo, quando não cedem à moda do arranjo-objeto e pensam um jardim com os seus habitantes, seu sítio arquitetural, sua natureza, suas paisagens, seu país, seu tempo e sua gestão. Nasce então a esperança de que cheguem todos a um trabalho de equipe, a práticas multidisciplinares capazes de novas invenções para o arranjo do território de nosso dia-a-dia, um espaço-tempo mosaico onde cidade e campo se tornam uma só coisa.

Também dentro dessa perspectiva otimista, foi importante que o próprio Roberto Burle Marx nos apresentasse seus trabalhos, nos transmitisse um pouco de sua experiência profissional e em seguida se fizesse objeto de uma reflexão coletiva. Pois para além da beleza de seus jardins enquanto obras plásticas, há nele uma busca decidida de diálogo, de integração com os espaços que o cercam, um laço com a tradição – o tempo passado –, um conhecimento aprofundado do tempo da natureza – para domesticar o tempo que passa.

SOBRE ALGUMAS RESISTÊNCIAS AO MOVIMENTO MODERNISTA

Indissociável da arquitetura e da cidade até os anos 30, volta hoje o jardim para o centro de todas as reflexões sobre o tratamento do espaço – ao mesmo tempo em que começamos a nos preocupar com os habitantes, com sua vida social, com o que se passa entre os prédios, com o conforto nas ligações, com os meios de transporte, com o prazer dos sentidos na paisagem. No momento dessa

45. Burle Marx no jardim de Laurence Johnston, a Estufa de La Madone, Menton, 1992.

redescoberta, chegamos até a nos perguntar por que e como foi a arquitetura reduzida à produção de objetos autônomos jogados numa sopa ordinária chamada "espaço verde". A que se deve esse lapso de memória de meio século, essa hibernação de todo um campo da criação? Como a sociedade europeia e seus especialistas da arquitetura e do urbanismo puderam dar as costas às qualidades da paisagem, chegando a esquecer a palavra "jardim" – termo banido na França em qualquer discussão séria sobre a cidade, ainda há menos de dez anos?

Ao buscarmos em que floresta de conceitos maléficos se produziu a ruptura, quem foi a bruxa, fomos excessivamente afoitos em acusar "o movimento modernista" de ter oferecido a maçã do "espírito novo", e assim mergulhado as reflexões sobre o jardim europeu num sono profundo.

Se esse raciocínio tem infelizmente sua parte de verdade, faz ele do movimento modernista um bloco monolítico, esvazia, em seu simplismo, as transições e resistências aos progressistas dos congressos internacionais de arquitetura moderna (CIAM). Ora, são precisamente os resistentes ao movimento modernista puro e simples que hoje nos interessam – aqueles que, de dentro ou de fora dessa tendência, tomaram distância em relação a concepções excessivamente rígidas do arranjo do território, afastaram-se do *no man's land* dos espaços verdes. A essa abstração, houve ainda quem respondesse com jardins e paisagens, um sentido da história, uma modesta preocupação com a vivência dos habitantes, uma atenção com as relações sensíveis e simbólicas entre habitantes e meio ambiente imediato, entre arquitetura, espaço público e natureza.

Para reencontrarmos o fio da criação paisagística, parece-nos essencial trabalhar nas duas extremidades da fratura, estudar as obras dos paisagistas anteriores a 1939, e partir para a descoberta daqueles que, bastante raros, continuaram, desde então, a exercer o ofício de criador de jardins.

Na Europa, as resistências ao movimento modernista vinham naturalmente da "academia" que Le Corbusier tanto gostava de atacar. Mas será preciso entrar nessa lógica caricatural dos antigos e modernos ou então redescobrir o jardim "moderno" de André Vera, seus jardins do sol que anunciam as obras de certos arquitetos e paisagistas de formação clássica – humanistas em busca da continuidade com a história e a paisagem local, tais como Henri e Achille Duchêne, J. C. N. (Jean Claude Nicolas) Forestier, Albert Laprade, Jacques Greber, J. Marrast, Jules Vacherot, André Riousse, Patout. Todos realizam jardins no sul da França. Nos anos 20 e 30, com a libertação do corpo, o esporte, o automóvel, o mercado do jardim de vilegiatura desloca-se rumo ao sol, mais especialmente para o Mediterrâneo.

Entre os adeptos do jardim ao sol, Ferdinand Bac, desenhista e escritor que, segundo seus próprios termos, "improvisou-se paisagista", é o inventor de jardins "mediterrânicos" na Côte d'Azur, pelos quais o arquiteto e paisagista mexicano Luís Barragán, recentemente falecido, se declarou fundamentalmente influenciado em sua obra. Se Bac não coloca nenhum jardim na Exposição de 1925, é, em compensação, encarregado por *L'Illustration* do relatório oficial sobre o estado da criação paisagística. Aí Bac se opõe com vigor significativo às criações modernistas, às

> árvores de cimento dos Srs. Mallet e Stevens [*sic*], que são o fragmento de um mundo extraplanetário. [...] Essa alma angulosa e triangular, que alguns censuraram na exposição, é o resultado de uma orientação mais científica do que sensual, como o eram muitas das formas que há pouco deixamos para trás. Abandonamos certas experiências para sair em busca de novos problemas dos quais alguns estão bem encaminhados e outros enveredaram por uma trilha mortal[1].

Essa reação epidérmica, que visa também ao jardim triangular de Gabriel Guévrékian, o "Jardim de Água e Luz" – hoje tão frequentemente citado –, emana de um homem a um tempo nostálgico e consciente de uma orientação perigosa na história dos jardins. Bac prosseguirá com suas experimentações em Menton, no jardim das Colombières – sua obra mais bem realizada –, cuja releitura hoje é de grande proveito. Seu método de trabalho poderia aproximar-se da construção de um sonho com os olhos abertos para o local. Do interior da casa aos mais remotos confins da propriedade, passando por uma sucessão de jardins, Ferdinand Bac presta "homenagem à paisagem" sob o modesto pretexto de fazer "um buquê de suas lembranças de viagem" (mediterrânicas). De um lado, metamorfoseia a própria vista ao longe da cidade de Menton, chamada de *la Bella vista*, por enquadramentos diferentes e transposições pintadas a fresco em cada um dos quartos, sublima e "venera" algumas árvores mediterrânicas (oliveira, alfarrobeira, cipreste) escolhidas em virtude de uma arquitetura de ligação – pontes e escadas – cujos nomes dão ênfase à força simbólica: a *Ponte da Alfarrobeira*, a *Homenagem ao cipreste*; e outras tantas encenações de trechos de paisagem estranhamente próximas de certas intervenções de artistas plásticos contemporâneos. Bac também dá lugar à cor, ao conforto, à intimidade e à sombra, esta última indispensável no Midi.

Mas como previa Ferdinand Bac, o jardim moderno vai morrer. Tanto lugar dá ele ao sol que se torna um *solarium*, e estiola-se, sob um excesso de pureza e luz. O espaço de transição entre paisagem

---

1. Ferdinand Bac, *L'Illustration*, número avulso, junho de 1925.

e arquitetura, marca peculiar do jardim tradicional, com frequência se reduzirá ao escancaramento de um vão envidraçado.

Antes de desaparecer, reduz-se a alguns traços de arquitetos comprometidos em graus diversos com a modernidade, tais como Robert Mallet-Stevens, Gabriel Guévrékiam, Eilen Gray, Henri Pacon, Pierre-Emile Legrain. Quase todos reunidos e apresentados na Exposição das artes decorativas de 1925, seja com instalações, seja com projetos e fotografias[2]. Hoje redescobrimos esses resistentes "do interior", com uma avidez tanto maior quanto sabemos da raridade de suas obras – os jardins de Guévrékian na *villa* Jacques Heim e na *villa* Noailles, em Hyères, que a municipalidade acaba de restaurar... sem seus vegetais (sem dúvida para que fique mais "moderna"...[3]), a série de terraços de Lurçat, os jardins de Eilen Gray, mas também os jardins de Henri Thébaud, de Paul Véra, de Jean-Charles Moreux, ou ainda os Prés-Fichaux, em Bourges, de Paul Marguerita (1922), o jardim da Abadia, em Vierzon, de Karcher (1929, 1934), e por fim os jardins miniaturais de Raoul Dufy – inclassificáveis e cheios de encanto.

O japonês Tanizaki Junichiro também oferece um célebre exemplo de resistência ao movimento modernista. Em seu *Elogio da Sombra*, escrito em 1933[4], Tanizaki vai à luta contra a claridade excessiva, toda elétrica ou toda solar, contra o higienismo obsessivo e os espaços verdes ocidentais que vêm destruir a estética japonesa tradicional.

A transição preparada entre a área externa e a casa, mediante diferentes operações de transformação da luz, é essencial, pois "é precisamente essa luz indireta e difusa (o reflexo, peneirado pelo *xôji*, da luz reenviada pelo jardim) que é o fator essencial da beleza de nossas moradias". A busca das sombras faz parte do trabalho do artista: "Nós, os orientais, criamos beleza, fazendo nascer sombras em lugares por si mesmos insignificantes".

Sente ele a estética japonesa ameaçada "até no desenho dos jardins", pois "onde nós acomodamos bosquezinhos umbrosos, [os ocidentais] estendem vastos e chatos relvados".

Houve quem chegasse a crer que Tanizaki não fazia mais que exprimir o canto do cisne de uma estética oriental clássica; que não fosse "moderno" quando afirmava que "o belo perde sua existência se forem suprimidos os efeitos de sombra" ou que o refinamento é uma coisa "um pouco suja", pois "ao contrário dos ocidentais que se esforçam por eliminar tudo o que se assemelhe a sujeira, os ex-

---

2. J. Marrast, 1925, *Jardins*, Charles Moreau, 1926.
3. Ver p. 100.
4. Tanizaki Junichiro, *Eloge de l'ombre*, 1933, Publications orientalistes de France, 1977.

tremo-orientais conservam-na preciosamente, e tal como é, para dela fazer um ingrediente do belo". Mas em 1956, Salvador Dali, com seu estilo inimitável, resiste aos "cornudos da velha arte moderna", e rejeita com igual força o culto da limpeza. Assinala com precisão seu aspecto religioso, opondo o gênio da cultura catalã aos modernos protestantes da Europa do Norte, esses "modernos cujos cabelos se eriçam de horror ante a ideia de que uma matéria não esteja asséptica [...]", pois "afinal o que haverá de mais cornudo, de mais enganado, de mais carregado de fendas e rachaduras do que esta arte moderna fanática pela limpeza esterilizada das formas funcionais e assépticas?"[5] Dali relembra seu encontro com Le Corbusier,

o arquiteto masoquista e protestante que é, como todos sabemos, o inventor da arquitetura de autopunição. Le Corbusier perguntou-me se eu tinha ideias sobre o futuro de sua arte. Sim, tinha. Aliás, tenho ideias sobre tudo. Respondi-lhe que a arquitetura seria "mole e peluda" e afirmei categoricamente que o último grande gênio da arquitetura se chamava Gaudí, nome que, em catalão, significa "gozar", assim como Dali significa "desejo". Expliquei-lhe que gozo e desejo são próprios do catolicismo e do gótico mediterrânicos, reinventados e levados a seu paroxismo por Gaudí[6].

Com Dali a resistência apoia-se numa cultura (e numa religião) diferente, numa outra relação com o cosmos. A arquitetura e os jardins de Gaudí evocam para ele "uma zona erógena e táctil que se eriça", uma relação com o corpo, com a natureza, com os cinco sentidos – com os antípodas do universo do movimento modernista.

E hoje, por fim, vemos Henri Gaudin[7] dar-se ao luxo de recusar-se a partilhar o Grand Prix nacional da arquitetura com André Wogensky, por não querer associar-se àqueles "que pensavam que ser moderno é deixar-se levar pela torrente da época", e pleitear a reintrodução da sombra no urbanismo, pois

de tanto desconfiar das sombras, [...] de extirpar a sombra das anfractuosidades, aí projetando a luz crua das luminárias, construíram para nós um mundo impossível de viver. [...] O pior dos enclausuramentos não será o de estarmos superexpostos, sem lugar?

UM ELO TRANSATLÂNTICO

No interior do movimento modernista, as resistências vêm de criadores fortemente ligados às tradições e à natureza ou por elas

---

5. Salvador Dali, *Les Cocus du vieil art moderne*, Fasquelle, 1956.
6. Salvador Dali, *La Vision artistique et religieuse de Gaudí*, Edita, Lausanne, 1969.
7. Henri Gaudin, "De l'air, de l'air", in *Le Monde*, 19 de setembro de 1991.

46. Jardim japonês, Kioto.

marcados. Conhecemos as silenciosas recusas de Alvar Aalto mas a jucunda resistência dos brasileiros nem sempre foi bem compreendida e sua arquitetura foi classificada um tanto rapidamente nas aplicações literais das palavras de ordem de Le Corbusier.

Roberto Burle Marx, com uma obra que começa nos anos 30 prosseguindo até os dias de hoje, acha-se em posição privilegiada para ajudar-nos, a nós, europeus, a retomar o fio da história dos jardins, a lançar pontes sobre a fratura de uma época em que jardim e paisagem só tinham sentido para um número restrito de amadores.

Seu papel de intermediário cultural é constante. De um lado, ele leva para o Sul as mensagens do Bauhaus, dos CIAM – e posteriormente a mensagem ecológica –, do outro, enfatiza incansavelmente a especificidade da paisagem natural brasileira. Pois suas raízes, ele as inventa todos os dias descobrindo novas plantas. Esse permanente vai e vem mental entre a Europa e a América dá-lhe "olhos puros" para inventar uma paisagem tropical bem temperada. Numa América do Sul colonizada por povos mediterrânicos, a natureza é vista como perigosa, inquietante, algo de que se deve guardar distância ou que se precisa desbravar. Na medida de sua evolução, de seu conhecimento das plantas e da evolução da ideia de natureza nos Estados Unidos e na Europa, aumenta ele sem cessar a paleta vegetal do jardineiro chegando mesmo a tornar-se portador, em seu país, de um olhar ecológico. Mas não se contenta com uma visão protetora. Seu instinto de criador impele-o a experimentar, a intervir, a inventar associações vegetais desconhecidas na natureza.

É ele também um dos raros liames vivos entre vários períodos de criação paisagística, vários espaços culturais, vários continentes.

Burle Marx também nos dá a oportunidade de redescobrir a especificidade do modernismo brasileiro. Não é apenas pelas formas que esta "renascença brasileira" (anos 30 a 70) se distingue de Le Corbusier ou de Mies van der Rohe: sua relação com a paisagem é diferente. Desde 1940 e até mesmo nas realizações de Brasília, a arquitetura apresenta-se com formas cada vez mais livres, mais leves, com grandes vãos, lajes cada vez mais delgadas, colunas cada vez mais finas, como sublinha Oscar Niemeyer. Em entrevista concedida aos jornais brasileiros em 1973, o arquiteto coloca-se entre o que considera como os dois extremos: Mies van der Rohe e... Gaudí[8].

Mas o mais surpreendente no modernismo brasileiro é que é um movimento-modernista-com-jardim.

Conforme observa José Lins do Rego em 1952, "o retorno à natureza e o valor que vai ser dado à paisagem como elemento

---

8. Oscar Niemeyer, *L'Architecture d'aujourd'hui*, número especial sobre o Brasil, 1974.

substancial preservaram nossos arquitetos do que de formal podíamos encontrar em Le Corbusier" e "as catingas do sertão, a floresta amazônica, as montanhas de Minas Gerais e os pampas do Rio Grande do Sul entram no coração da cidade"[9]. Antes, durante e após a Segunda Guerra Mundial, o conceito de jardim mantém-se vivo no Brasil na obra dos arquitetos e urbanistas, o termo continua a ser empregado e a ter seu lugar no projeto. Burle Marx não está isolado. Vive permanentemente imerso num banho de criadores que se interpelam. Faz parte de um grupo que, sob o impulso de Lúcio Costa, adotará com entusiasmo as grandes ideias de Le Corbusier embora resistindo, com muito humor, à aplicação literal delas. Logo em 1929, Lúcio Costa se opõe à "primeira exposição doutrinária que nele provoca uma reação fortemente hostil", como lembra o próprio Le Corbusier[10]. A despeito da ativa participação dos arquitetos brasileiros no CIAM, conservam eles sua identidade. Pouco mais tarde, Lúcio Costa evocará "uma certa pobreza puritana na execução" a que os brasileiros acrescentaram "a graça"[11]. Lúcio Costa, que foi um dos mestres de Burle Marx, é também um teórico da mestiçagem cultural. É interessante observar que, para legitimar a especificidade do modernismo brasileiro, Costa reduz sua história da arquitetura a dois eixos: o eixo mesopotâmico-mediterrânico e o eixo nórdico-oriental cujas "duas correntes se fundiram e foram temperadas na França"[12].

A prática profissional de Burle Marx como paisagista interessa-nos também porque é uma prática multidisciplinar, uma busca permanente de diálogo entre o arquiteto e o paisagista.

Sua pintura vale-se das formas e cores intensas da natureza brasileira, com suas flores, suas borboletas, seus pássaros, seus rochedos suntuosos[13]. Seus projetos de jardins alimentam-se nas mesmas fontes mas, apoiado no conhecimento das plantas, seu sistema gráfico possui um sentido preciso que nada tem a ver com os efeitos gratuitos de numerosos projetos de paisagistas. Esse rigor na inspiração explica por que plantas e pedras estão bem em seu lugar ao ressurgirem no decorrer da obra.

O diálogo permanece onipresente em seu trabalho – diálogo entre pedra e planta, entre plantas locais e empréstimos exóticos justificados pela busca de efeitos plásticos, entre o biológico e a

9. José Lins do Rego, "L'Homme et le paysage", *L'Architecture d'aujourd'hui*, número especial sobre o Brasil, agosto de 1952.

10. Le Corbusier, "Importance de la contribuition des architectes brésiliens au développement actuel de l'architecture moderne", *L'Architecture d'aujourd'hui*, número especial sobre o Brasil, 1947.

11. *L'Architecture d'aujourd'hui*, 1952, p. 7.

12. Lúcio Costa, *op. cit.*, 1952.

13. Marta Montera, *Roberto Burle Marx, Brésilien, paysagiste*, ENSP, 1988.

47. Topiários, residência Ralph Camargo.

forma. Aqui ele deixa ervas daninhas por entre as pedras embora insistindo na necessidade de "manter clareza na composição", ali utiliza as Bromeliáceas como esculturas, pois não se trata de "imitar passivamente a natureza mas respeitar as exigências das compatibilidades ecológicas e estéticas por meio das quais o paisagista pode criar associações artificiais de enorme expressividade".

Dentro dos limites do programa que lhe é dado, Burle Marx tem plena consciência do papel que o paisagista pode desempenhar na sociedade, de sua missão pedagógica, pois o jardim é para ele "um instrumento de prazer e um meio de educação", "um exemplo de coexistência pacífica entre diferentes espécies, um lugar de respeito pela natureza e pelo outro".

Desde suas primeiras grandes realizações como o jardim do Ministério da Educação no Rio, em 1938, até seus projetos em curso como o da Praça Rosa-Luxemburgo, em Berlim, a contribuição de Roberto Burle Marx para o campo da paisagem é sem dúvida uma das mais ricas como tema de meditação para um estudo do século XXI. Com o Santos Dumont da paisagem, o Brasil finalmente não está longe.

ANEXOS

Principais Projetos e Jardins Realizados por Roberto Burle Marx[1]

1932

Convidado por Lúcio Costa, Burle Marx concebe seu primeiro jardim, para a residência Schwartz, Copacabana, Rio de Janeiro. Arquitetos: Gregori Warchavchik e Lúcio Costa.

1934-1937

Diretor do Departamento dos Parques e Diversões de Recife, responsável pela restauração de vários jardins públicos, Roberto Burle Marx constrói o primeiro jardim ecológico do Brasil.

1938

Jardins e terraços do Ministério da Educação e Saúde, Rio de Janeiro. Arquitetos: Lúcio Costa, Affonso Eduardo Reidy, Oscar Niemeyer, Jorge Machado Moreira, Carlos Leão e Ernâni Vasconcelos.

---

1. Glossário dos tipos de propriedades rurais existentes no Brasil – *Chácara*: conjunto de horta e pomar com sede para moradia; *Fazenda*: propriedade agrícola de vasta dimensão, provida de uma casa-grande imponente; *Sítio*: pequena propriedade rural com sede para moradia. Nesta lista, suprimimos deliberadamente a menção a muros, painéis, baixos-relevos e outras superfícies trabalhadas que Burle Marx instala com bastante frequência em seus jardins. Sobre sua função, leia-se o texto de Jacques Leenhardt, "O Jardim: Jogos de Artifícios". Convém, além do mais, observar que os materiais utilizados pelo artista para essas construções são muito diversos: vidro, azulejos, pintura, fibras trançadas, concreto, pedras naturais, pedras cortadas de recuperação etc.

Praça Salgado Filho (Aeroporto Santos-Dumont), Rio de Janeiro. Terraços da Associação Brasileira de Imprensa, no Rio de Janeiro. Arquitetos: Marcelo e Milton Ribeiro.
Jardins das residências Roberto Marinho, Argemiro Machado e J. Louis Wallerstein, Rio de Janeiro.

1939

Jardins suspensos do Instituto Brasileiro de Resseguros, Rio de Janeiro, Arquitetos: Marcelo e Milton Ribeiro.

1940

Parque Solon de Lucena, João Pessoa, Paraíba.

1942

Conjunto da Pampulha: jardins do Cassino, do Yatch Club e da Igreja São Francisco, Belo Horizonte, Minas Gerais. Arquiteto: Oscar Niemeyer.
Residência Francisco Inácio Peixoto, em Cataguazes, Minas Gerais. Arquiteto: Oscar Niemeyer.

1943

Grande Parque de Araxá, em colaboração com o botânico Henrique Lahmeyer de Mello Barreto, Minas Gerais. Residência Tito Lívio Carnasciali, Rio de Janeiro.

1946

Espaço zoobotânico do Jardim Zoológico do Rio de Janeiro, com o botânico Henrique Lahmeyer de Mello Barreto.

1948

Jardim da residência Odette Monteiro em Correas, fazendas Samambaia em Petrópolis, Diego Cisneros em Caracas e Burton Tremaine em Santa Bárbara, Califórnia. Arquiteto: Oscar Niemeyer.

1949

O Sítio, onde Burle Marx se instala em Santo Antônio da Bica, a 45 km do Rio de Janeiro. É aí que reside a partir de então, instalando pouco a pouco seu jardim e as estufas que doravante constituem a Fundação Burle Marx.

1950

Jardins para a Tecelagem Parahyba e para residência Olivo Gomes, São José dos Campos, São Paulo. Arquitetos: Rino Levi, Roberto de Cerqueira César e Luís Roberto Carvalho Franco.

Hotel Amazonas em Manaus e *Bahia Hotel*, Salvador, Bahia. Arquiteto: Paulo Antunes Ribeiro.

1951

Condomínio Pedregulho, Rio de Janeiro. Arquiteto: Affonso Eduardo Reidy.
Jardim e cortina de palco para o Teatro Popular Marechal Hermes, Rio de Janeiro. Arquiteto: Affonso Eduardo Reidy.
Praça Nossa Senhora da Conceição, da Jaqueira, Recife, Pernambuco.
Doação ao Serviço Nacional do Patrimônio Artístico e Histórico.
Laboratório Roche, Rio de Janeiro.
Residência Cassiano Ribeiro Coutinho, João Pessoa, Paraíba.

1952

Praça da Independência, João Pessoa, Paraíba.
Projeto para o Terreiro de Jesus, Salvador, Bahia.
Residência Carlos Somlo, no Vale da Boa Esperança, Teresópolis, Rio de Janeiro.

1953

Cidade Universitária da Universidade do Brasil, Rio de Janeiro. Arquiteto: Jorge Machado Moreira.
Parque do Ibirapuera, São Paulo. Arquiteto: Oscar Niemeyer.
Aeroporto de Pampulha, Belo Horizonte, Minas Gerais.
Embaixada dos Estados Unidos da América do Norte, Rio de Janeiro.

1954

Projeto "Parkway" para a Praia de Botafogo, Rio de Janeiro.
Museu de Arte Moderna do Rio de Janeiro no Parque do Flamengo. Arquiteto: Affonso Eduardo Reidy. Largo do Machado, Rio de Janeiro.
Exposição do IV Centenário da Cidade de São Paulo, no Parque Ibirapuera.
Jardins do Sítio das Pedras, das residências Ernesto Waller na Barra da Tijuca (arquiteto: Paulo Antunes Ribeiro) e Edmundo Cavanellas, em Pedro do Rio, Petrópolis (arquiteto: Oscar Niemeyer).

1955

Jardim do complexo arquitetônico Templo do Trabalho, em Los Angeles, Califórnia. Arquiteto: Richard Neutra.
Hospital Sul-América (Fundação Larragoiti), Rio de Janeiro. Arquitetos: Oscar Niemeyer e Hélio Uchoa.
Residências Alberto Kronsforth em Teresópolis, Rio de Janeiro; Dr. Leonel Miranda, Rio de Janeiro (arquiteto: Oscar Niemeyer) e Embaixador Sérgio Correia da Costa, Rio de Janeiro (arquiteto: Jorge Machado Moreira).

Restauração do jardim do Museu de Petrópolis, Rio de Janeiro. Doação ao Serviço Nacional do Patrimônio Artístico e Histórico.

1956-1961

Série de trabalhos públicos em Caracas, Venezuela: Parque del Este, Parque del Oeste, Urbanización de los Canales, Helicoide de la Roca Tarpeya, Centro residencial el Castaño, Club Playa Azul, Club Morón e jardins das residências Inocente Palácios, Diego Cisneros, Henrique Delfino, Eduardo Rahn, Carlos Alberto Punceles, Ernesto Valenilla, Luís Carias e Nelson Rockefeller.
Parque Lindóia, Estado de São Paulo.

1957

Aeroporto dos Guararapes, em Recife, Pernambuco.
Residência Schultess, Havana, Cuba. Arquiteto: Richard Neutra.

1958

Área de jogo da Fábrica Olivetti, Buenos Aires, Argentina.

1959

Cenários e Figurinos para o bale *Zuimaluti*, música de Heitor Villa-Lobos, libreto de Mário de Andrade.

1967

Parque do Flamengo. Urbanização do Aterro.
Eixo monumental, Brasília. Arquiteto: Oscar Niemeyer.
Parque Zoobotânico, Brasília.
Jardins Botânicos, São Paulo.

1962

Parque de las Américas, Santiago, Chile.

1963

Seis pátios internos, prédio da UNESCO, Paris, França. Arquitetos: Marcel Breuer, Piero Nervi e Bernard Zehrsfuss.
Jardim das Nações, Viena, Áustria, em colaboração com o arquiteto Karl Mang.
Escultura para o pavilhão brasileiro na Feira Internacional de Tóquio, Japão.

1965

Jardins, terraços e tapeçarias para o Palácio Itamaraty, Brasília – Ministério das Relações Exteriores. Arquiteto: Oscar Niemeyer.
Residência Fernandez Concha, em Lima, Peru.

Anteprojeto para a Reserva biológica de Jacarepaguá, Rio de Janeiro.
Jardim para o Restaurante *Morro da Viúva*, Rio de Janeiro. Arquiteto: Jorge Machado Moreira.
Residência dos irmãos Gomes, Ubatuba. Arquitetos: Rino Levi e associados.
Tecelagem Parahyba, São José dos Campos, São Paulo. Arquitetos: Rino Levi e associados.
Residência Otto Dunhoffer, Rio de Janeiro. Arquitetos: Milton Feferman e Paulo de Tarso Santos.

1966

Residência Olivo Gomes, São José dos Campos, São Paulo.
Centro Administrativo de Curitiba, Paraná. Arquitetos: Olavo Redig de Campos, David Azambuja e outros.
Terraço do Edifício Manchete, Rio de Janeiro. Arquiteto: Oscar Niemeyer.
Conjunto residencial do Parque Norte, San Isidro, Argentina.
Parque do Hotel *Dorado Hilton*, San Juán, Porto Rico.
Parque Siqueira Campos, São Paulo.
Fazenda Ponte Alta, Barra do Piraí.
Jardins e pátios internos da residência Cândido Guinle de Paula Machado, Rio de Janeiro. Arquiteto: Jorge Hüe.

1967

Jardim, escultura, tapeçarias e murais para o Centro Administrativo de Santo André, São Paulo. Arquitetos: Rino Levi, Roberto de Cerqueira César e Luiz Roberto Carvalho Franco.
Embaixada dos Estados Unidos da América do Norte, Brasília.
Conjunto Santa Bárbara, San Juán, Porto Rico.
Edifício do Supremo Tribunal Federal, Brasília. Arquiteto: Hugo Montenegro.

1968

Palácio dos Leões, sede do governo do Estado do Maranhão.
Jardim e esculturas para o Parque Anhembi, São Paulo. Arquitetos: Jorge Wilheim e Miguel Juliano e Silva.
Praça São Judas Tadeu, Santo André, São Paulo.
Praça da Catedral Metropolitana do Rio de Janeiro. Arquiteto: Luís Fabrício Menescal.
Jardim e pátios internos para a embaixada da República Federal da Alemanha, Brasília. Arquiteto: Hans Scharoun.
Santuário de Bom Jesus do Matosinhos, Congonhas do Campo, Minas Gerais. Doação ao Serviço Nacional do Patrimônio Artístico e Histórico.
Residência Benedito Dias Macedo, Fortaleza, Ceará. Arquiteto: Acácio Gil Borsói.

Residência Clemente Gomes, São Paulo. Arquitetos: Luís Roberto Carvalho Franco e Roberto de Cerqueira César.
Condomínio Gravata, São Paulo. Arquitetos: Luís Roberto Carvalho Franco e Roberto de Cerqueira César.
Embaixada do Brasil, Washington, D.C., EUA. Arquiteto: Olavo Redig de Campos.
Condomínio Araucária, São Paulo. Arquitetos: Luís Roberto Carvalho Franco e Roberto de Cerqueira César.
Fortaleza Pau Amarelo, Recife, Pernambuco, para o Comitê executivo do Serviço Nacional do Patrimônio Artístico e Histórico.

1969

Campus da Universidade Federal de Santa Catarina, Florianópolis.
Hotel Nacional, Rio de Janeiro. Arquiteto: Oscar Niemeyer.
Edifício das Edições Bloch. Arquiteto: Oscar Niemeyer.
Edifício PETROBRÁS, Rio de Janeiro. Arquitetos: José Maria Gandolfi, Luís Fortes Neto, Roberto L. Gandolfi, Vicente Ferreira de Castro, José Sanchotene e Abrão Anizassadi.
Aquário do Parque do Flamengo. Arquiteto: Ivo de Azevedo Pena.
Edifício SESI-FIESP-CIESP, São Paulo. Arquitetos: Roberto de Cerqueira César e Luís Roberto Carvalho Franco.
Edifício TELEPAR, Curitiba, Paraná. Arquiteto: Lubomir Ficinski Dunin.
Residência José de Oliveira, Recife, Pernambuco. Arquiteto: Acácio Gil Borsói.
Banco do Desenvolvimento de Pernambuco (BANDEPE). Arquiteto: Acácio Gil Borsói.
Santuário Dom Bosco, Brasília. Arquitetos: Carlos Alberto Naves Vansconcelos, Richard Lima e Gutemberg Almeida Rezende.

1970

Plano para o Jardim Botânico da Universidade Federal de Minas Gerais, Belo Horizonte. Execução entregue aos estudantes.
Universidade Federal da Paraíba, João Pessoa.
Projeto de alamedas e jardins para o alargamento da Praia de Copacabana, Rio de Janeiro.
Jardins e esculturas para o Ministério das Forças Armadas, Brasília. Arquiteto: Oscar Niemeyer.
Jardins e esculturas para o Ministério da Justiça, Brasília. Arquiteto: Oscar Niemeyer.
Esporte Clube Sírio, São Paulo. Arquitetos: Pedro Paulo de Mello Saraiva, Miguel Juliano e Sila e Sami Bussab.
Hotel *Hilton*, São Paulo. Parque da Cidade de Londrina, Paraná.
Parque Central, Caracas, Venezuela. Arquitetos: Siso, Shaw e associados.

1971

Estudo para a "Renovação urbana da primeira zona sul de Buenos Aires", Argentina. Arquiteto: Juán Kurchán.
Plano para o centro de esportes e lazer Chacra Saavedra, Buenos Aires, Argentina.
Projeto para o Parque Nacional de Torres, Rio Grande do Sul. Projetos para o Parque Municipal, o Parque Zoobotânico de Barigui e o Parque de São Lourenço, Curitiba, Paraná.
Parque paisagístico de Santo André, São Paulo. Arquiteto: Oscar Niemeyer.
Conjunto residencial de Jundiaí, São Paulo. Arquiteto: Abrahão Sanovicz.
Embaixada imperial do Irã, Brasília.
Hotel *Balneário*, Laguna, Santa Catarina. Chácara Narciza, São Paulo.
Conjunto residencial do DNER – Departamento Nacional de Estradas de Rodagem –, Brasília. Arquiteto: Promon Engenharia.
Embaixada da Bélgica, Brasília. Arquiteto: Paulo Antunes Ribeiro.
Plano paisagístico para o Plano de Urbanismo Patamares, Salvador, Bahia.
Plano urbano de autoria da arquiteta Maria Elisa Costa e do economista Eduardo Sobral.

1972

Parque paisagístico do *campus* da Universidade Federal de Pernambuco, Recife.
Palácio Karnak, Teresina, Piauí.
Embaixada dos Estados Unidos da América do Norte, Brasília.
Plano paisagístico da Praça Peru, Buenos Aires, Argentina.
SUDENE – Agência Nacional para o Desenvolvimento do Nordeste, Recife, Pernambuco.
Sala de concertos, Caracas, Venezuela. Arquitetos: Estudio Quatorce e associados.
Plano paisagístico da Praça Brasília, Quito, Equador.
Clube Vale Verde, Campinas, São Paulo.
Fábrica Merck, Rio de Janeiro.
Anteprojeto de tratamento paisagístico da cidade de Ouro Preto, Minas Gerais, acompanhando o plano do urbanista Viana de Lima.
Tribunal Nacional de Contas, Brasília. Arquiteto: Renato César Alvarenga.
Palácio do Desenvolvimento, Brasília. Arquiteto: Oscar Niemeyer.
Praça do Edifício PETROBRÁS e do terminal de ônibus de Santa Teresa, Rio de Janeiro. Arquitetos: L. Paulo Conde e Flávio Marinho do Rego.

1973

Teatro José de Alencar, Fortaleza, Ceará.
Parque do Cemitério, Recife, Pernambuco. Arquitetos: Hélvio Polito Lopes, Zenildo Sena Caldas e Zildo Sena Caldas.
Jornal do Brasil, Rio de Janeiro. Arquiteto: Henrique Mindlin.

Tratamento paisagístico no cruzamento das avenidas Leste-Oeste e José Bastos, Fortaleza, Ceará.
Residência Emir Glasner de Barros, Recife, Pernambuco. Arquiteto: Vital M. T. Pessoa de Melo.
Prefeitura de Fortaleza, Ceará.
Centro administrativo da Bahia, Salvador.
Praça Milton Campos, Belo Horizonte, Minas Gerais.
Banco Nacional de Desenvolvimento Econômico – BNDE –, Brasília. Arquitetos: Alfred Willer, Ariel Stelle, Joel Ramalho Jr., José Sanchotene, Leonardo Oba, Oscar Mueller e Rubens Sanchotene.
Centro esportivo, Cuiabá, Mato Grosso. Arquiteto: Silvano José Wendel Filho.
Tratamento paisagístico do Parque Guarapiranga, Prefeitura de São Paulo. Residência Realdo Santos Guglielmi, Criciúma, Santa Catarina.
Complexo da Avenida das Nações Unidas, São Paulo. Arquitetos: Botti-Rubin.

1974

Praça Sérgio Pacheco, Uberlândia, Minas Gerais. Arquiteto: Ary Garcia Roza.
Capitólio do Estado de Alagoas. Arquiteta: Janete Ferreira da Costa.
Companhia de Eletricidade do Estado de Pernambuco, Recife. Arquitetos: Reginaldo Luiz Esteves e Vital M. T. Pessoa de Melo.
Praça 46-Santana, São Paulo. Arquiteto: Geraldo Serra.
Conjunto residencial e comercial do Piqueri, São Paulo. Arquitetos: José Cláudio Gomes, Décio Tozzi, José Walter Toscano, Cláudio Tossi, Odilea Helena Setti Toscano e Massayoshi Kamimura.
Edgar Stores Ltd., África do Sul. Arquitetura: Studio Zanuso.
Fazenda Swagershoek, Lydenberg Dist., Transvaal, África do Sul. Arquitetos: Sennet Wessels e sócios.
Praça Inconfidência, Belo Horizonte, Minas Gerais.
Residência Ermírio Pereira de Moraes, São Paulo.
Represa Juqueri, São Paulo. Arquitetos: Hélvio Pasta, Hélio Penteado, Júlio Katinsky, Ruy Ohtake e Michail Lieders.
Plano paisagístico para o Centro administrativo municipal, São Paulo. Arquitetos: Roberto de Cerqueira César, Luís Roberto Carvalho Franco e Paulo Júlio Valentino Bruna.
Conjunto turístico Jaraguá, São Paulo: Arquitetos: Dácio e David Ottoni. Residência Olga Cunha Bueno Ferreira, São Paulo. Arquitetos: Dácio e David Ottoni.
Residência Augusto Esteves de Lima Jr., São Paulo. Arquiteto: Clóvis Felippe Olga.
Banco Nacional de Desenvolvimento Econômico – BNDE –, Rio de Janeiro. Arquitetos: Alfred Willer, Ariel Stelle, Joel Ramalho Jr., José Sanchotene, Leonardo Oba, Oscar Mueller e Rubens Sanchotene.
Residência dos diretores da Caixa Econômica Federal, Brasília. Arquiteto: Lubomir Ficinski Dunin.

Companhia Hering Têxtil S.A., Santa Catarina. Arquiteto: Hans Broos.
Companhia Predial, São Paulo-Rio de Janeiro. Arquitetos: Edison e Edmundo Musa.
Parque Rogério Pithon Farias, Brasília. Arquiteto: Oscar Niemeyer.
Residência Nininha Magalhães Lins, Rio de Janeiro.

1975

Residência João Maurício Araújo Pinho, Rio de Janeiro.
Residência do Vice-Presidente, Brasília. Arquiteto: Oscar Niemeyer.
Empresas Bloch, Manchete, São Paulo.
Residência Hans Broos, São Paulo. Arquiteto: Hans Broos.
Tratamento paisagístico do Parque Bicalho Goulart, Belo Horizonte, Minas Gerais. Arquitetos: Jarbas Barbeitos e Patrício Monteiro.
Tratamento paisagístico da Praça Costa e Silva, Piauí.
Plano para o Eixo Monumental, Brasília.
Abadia Santa Maria, São Paulo. Arquiteto: Hans Broos.
Conjunto residencial Atlântico Sul, Rio de Janeiro. Arquitetos: Slomo Wenkert, Waldir Figueiredo, Caio Rubens, Rubens Fuchs e Mário Silva.
Plano para o PROSBC Vera Cruz, São Paulo. Arquiteto: Miguel Juliano e Sila.
Plano da residência Alberto Kronsforth, Angra dos Reis, Rio de Janeiro.
Parque paisagístico da Lagoa Rodrigo de Freitas, Rio de Janeiro. Arquitetos: Equipe da Lagoa Rodrigo de Freitas.
Residência Elie Douer, São Paulo. Arquiteto: Ugo di Pace.
Residência Kurt Waissman, São Paulo. Arquiteto: Pedro Saulo de Mello Saraiva.
Edifício do Parque Wimblendon, Rio de Janeiro. Arquitetos: Slomo Wenkert, Waldir Figueiredo, Caio Rubens, Mário Silva e Robert Fuchs.

1976

Estudo preliminar para o Centro Modo de Vida, Guarapari, Espírito Santo. Arquiteto: Ary Garcia Roza.
Estação Morelos y Carabobo, Caracas, Venezuela. Arquitetos: Siso, Shaw e associados.
Edifício Pedro Biagi, São Paulo. Arquiteto: Maurício Kogan. Edifício Riviera del Fiori, Rio de Janeiro. Arquitetos: Slomo Wenkert, Waldir Figueiredo, Caio Rubens, Mário Silva e Robert Fuchs.
Casa de praia do Dr. Enrique Delfino, Caracas, Venezuela. Arquitetos: Siso, Shaw e associados.
Concepção do lajeamento da rua Coronel Augustinho, Rio de Janeiro.
Teatro Nacional, Brasília.
Parque ecológico do Tietê, São Paulo. Arquitetos: Ruy Ohtake, Haron Cohen, Dalton de Luca, José Roberto Graciano e Maria Teresa Furuiti.
Plano para o Centro cultural e de convenções de Campos do Jordão, São Paulo. Arquiteto; Paulo Archíades Mendes da Rocha.
Residência Celso Gerbassi Ramos, Rio de Janeiro.
Fazenda Ipanema, Sorocaba, São Paulo. Arquiteto: Clóvis Felippe Olga.

Residência João Borges de Assis, São Paulo. Arquiteto: Clóvis Felippe Olga.
Marina-Rio, Rio de Janeiro. Arquiteto: Amaro Machado.
Plano para o Edifício Le Corbusier, Recife, Pernambuco. Arquiteto: Lourenildo Guerra.
Parque paisagístico do restaurante do Parque Rogério Pithon Farias, Brasília. Arquitetos: Jacó Sanowicz, José Paulo de Bem, Haruyoshi Ono e José Waldemar Tabacow.
Presídio Bangu, Rio de Janeiro.
Residência Fernando Conde Lorenzo, Rio de Janeiro.
Residência Renato de Toledo e Silva, São Paulo. Arquiteto: Ruy Ohtake.
Edifício do Parque Wimblendon, São Paulo. Arquiteto: Bernardo Figueiredo.
Fábrica Elida Gibbs – Gessy Lever S.A., Vinhedo, São Paulo. Arquitetos: Roberto de Cerqueira César, Luís Roberto Carvalho Franco e Paulo Valentino Bruna.
Edifício Juán les Pens, Rio de Janeiro. Arquitetos: Slomo Wenkert, Waldir Figueiredo, Caio Rubens, Mário Silva e Robert Fuchs.
Plano para a residência Fernando Magalhães Pinto, Rio de Janeiro. Arquiteto: Luís Eduardo Índio da Costa.
Residência Emílio Maya Omena, Maceió, Alagoas. Arquiteto: Acácio Gil Borsói.
Indústria e Comércio Sotave Nordeste, Recife, Pernambuco.
Residência Emílio de Carvalho Coutinho, Paraíba.
Projeto para a sede da Organização Mundial da Propriedade Intelectual, Genebra, Suíça. Arquiteto: Pierre Braillard.
Residência Salvador J. Sequerra, Rio de Janeiro. Arquiteto: Harry Cole.

1977

Aterro Baía-Sul, Santa Catarina.
Residência Edgar Hargreaves, Rio de Janeiro. Arquitetos: Roberto Garcia Roza e Tuki do N. Brito.
Plano para o Paço de São Luiz, Teresópolis, Rio de Janeiro.
Residência Celso da Rocha Miranda, Rio de Janeiro.
Centro administrativo da cidade de Curitiba, Paraná.
Residência Roberto Malzoni, São Paulo. Arquiteta: Diana Malzoni.
Residência Lineu de Paula Machado, Rio de Janeiro. Arquitetos: Otávio Moraes e Noel Marinho.
Palácio dos Congressos e Exposições do Estado de Pernambuco, Recife.
Arquitetos: Joel Ramalho Jr., Leonardo Tossiaki Oba e Guilherme Zamoner Neto.
Residência Maglay Cannizaro, Caracas, Venezuela.
Residência Artêmio Furlan Filho, São Paulo. Arquiteto: Ruy Ohtake.
Residência El Hatillo, Caracas, Venezuela. Arquitetos: Siso, Shaw e associados.
Edifício El Pedregal, Caracas, Venezuela. Arquiteto: James W. Alcock.

Residência John Machado Urbina, Caracas, Venezuela.
Centro administrativo COMIND, São Paulo. Arquitetos: Promon Engenharia e Rino Levi Arquitetos Associados, SARL.

1978

Tratamento paisagístico da praia de Itararé, São Vicente, São Paulo. Arquiteto: Ruy Ohtake.
Residência Glauco Carneiro Leão, Recife, Pernambuco.
O Anfiteatro – centro comercial e de serviços –, Rio de Janeiro. Arquitetos: Sérgio Jamel e Marcos Antônio Coelho.
Tratamento paisagístico da zona de urbanização Cerro el Vigia, Puerto la Cruz, Venezuela. Arquitetos: Siso, Shaw e associados.
Aeroporto Internacional, Rio de Janeiro.
Residência Walter Clark, Rio de Janeiro.
Edifícios do Conjunto residencial Serviño y R. S. Ortiz, Buenos Aires, Argentina. Arquiteto: Roberto E. Aisenson.

1979

Edifício na esquina da Vieira Souto com Teixeira de Mello, Rio de Janeiro.
Centro Cultural e Esportivo do SESC, Itaquera, São Paulo. Arquitetos: Júlio Neves Arquitetos Associados, SARL.
Ministério da Fazenda, Maceió, Alagoas. Arquitetos: Borsói Arquitetos Associados, SARL.
Ministério do Trabalho, Foz do Iguaçu, Paraná. Arquitetos: José Marcos Loureiro Prado, Enrique Ángel Pérez Centeno e Valéry Kalko.
Parque Represa, Rio Grande do Sul. Arquitetos: Geraldo Gomes Serra e Vera Catunda.
Organização dos Estados Americanos, Washington, D.C., EUA. Arquiteto: Leo A. Daly.
Ministério da Fazenda, Paraná. Arquitetos: José Marcos Loureiro Prado, Enrique Ángel Perez e Valéry Kalko.
Centro Lincoln, Punta del Este, Uruguai.
Residência Clemente Gomes, em Areias, São Paulo.
Residência Sérgio Nunes, Rio de Janeiro. Arquiteto: Guilherme Scheliga.
Edifício Macunaíma, São Paulo. Arquiteto: Marcelo Fragelli – Promon Engenharia S.A.
Companhia Têxtil Hering, *Square* histórico, Blumenau, Santa Catarina. Arquiteto: Hans Broos.
IBM-Brasil, Rio de Janeiro. Arquitetos: José Luís Pinho e Glauco Campello.
Residência Aluysio Régis Bittencourt, Rio de Janeiro.
Arquiteto: SBA Sérgio Bernardes Associados. Praça Kennedy, Natal, Rio Grande do Norte.
Plano para a residência José Aurélio de Lima Redig, Belo Horizonte, Minas Gerais.

Residência Aldo Misan, Rio de Janeiro. Arquiteto: Raphael Matheus Peres.
Nova Guarapari, Vitória, Espírito Santo. Arquitetos: Técnico Ary Garcia Roza Ltda.

1980

Residência Artur Falk, Angra dos Reis, Rio de Janeiro. Arquitetos: Roberto Garcia Roza e Márcio Roberto.
Centro Rio-Sul, Rio de Janeiro. Arquitetos: Alexandre Cham e Ulysses P. Burlamáqui.
Xerox-Brasil S.A., Rio de Janeiro. Arquitetos: Pontual Associados Arquitetura e Planejamento Ltda.
Alcalis do Rio Grande do Norte S.A., Alcanorte, Natal.
Anteprojeto para o cemitério Parque Jardim da Colina, São Paulo.
Hering do Nordeste S.A., Recife, Pernambuco. Arquiteto: Hans Broos.
Parque Moça Bonita, Rio de Janeiro.
Conselho Regional de Engenharia Civil do Estado de São Paulo. Arquiteto: Ubyrajara Gilioli.
Plano para a Ilha Gipóia, Angra dos Reis, Rio de Janeiro. Arquitetos: Roberto Garcia Roza e Bernardo Goldwasser.
Jóquei Clube brasileiro, Rio de Janeiro. Arquitetos: Pontual Associados Arquitetura e Planejamento Ltda.
Residência Eduardo Pires Ferreira, Rio de Janeiro.
Philips do Brasil Ltda., São Paulo.
Residência Artur Falk, Rio de Janeiro. Arquiteto: Roberto Garcia Roza.
Residência Antônio Mendonça da Silva, Uberaba, Minas Gerais.
Residência Denise Pontes, Fortaleza, Ceará. Arquiteta: Janete Ferreira da Costa.
Country Club Izcaragua, Caracas, Venezuela. Arquiteto: Tony Navarro.
Residência Gustavo Cisneros, Caracas, Venezuela. Arquiteto: James W. Alcock.
Praças de Tiradentes, Minas Gerais.
Parque das Mangabeiras, Belo Horizonte, Minas Gerais.
Cemitério-Parque de Limeira, São Paulo. Arquiteta: Ana Lúcia R. Monteiro.
Praça Monroe, Rio de Janeiro.
Centro Comercial Barra da Tijuca, Rio de Janeiro. Arquiteto: Bernardo Figueiredo.
Plano para o Parque Cabo Branco, João Pessoa, Paraíba. Edifício do Banco Central de Barbados.
Edifício Campos Elísios, Goiânia, Goiás. Arquiteto: Silas Rodrigues Varizo.
Edições Bloch, Rio de Janeiro. Arquiteto: Oscar Niemeyer.
Residência Luís Carlos Taques de Mesquita, Rio de Janeiro. Arquiteto: Sérgio Bernardes.
Residência Murilo Boabaid, Rio de Janeiro. Arquiteto: Murilo Boabaid.
Prefeitura de Uberaba, Minas Gerais.

1981

Residência Fernando Mendes, Rio de Janeiro. Arquiteta: Kátia Verbicário.
Residência Bernárdez, Caracas, Venezuela.
Centro Empresarial Rio, Praia de Botafogo, Rio de Janeiro. Arquitetos: Cláudio Fortes e Roberto Victor.
Jardim Botânico de Maracaibo, Venezuela.
Residência Antonio de Amaral, Rio de Janeiro.
Estacionamento São Francisco Xavier, Rio de Janeiro.
Estação de Cabiúna-Macaé, Rio de Janeiro.
Fazenda do Retiro – Três Rios, Rio de Janeiro.
Residência Mercedes Cross Miranda, Rio de Janeiro.
Estudos para o porto, Miami, Flórida, EUA.
Entrada do Túnel Rebouças, Rio de Janeiro.
Largo da Carioca, Rio de Janeiro.
Residência Eugênio Nioac Salles, Rio de Janeiro.
Residência Pedro Finotti, São Paulo.
Banco Boa Vista S.A., Agência do Jardim Botânico, Rio de Janeiro. Arquitetos: Pontual Associados Arquitetura e Planejamento Ltda.

1982

Sede do Citibank, Rio de Janeiro.
Cemitério Jardim da Paz, Curitiba, Paraná.
Paseo del Lago, Maracaibo, Venezuela.
Centro Social Tecanor, S.A., Recife, Pernambuco. Arquiteto: Hans Broos.
Alcoa Alumínio S.A., São Luis, Maranhão. Arquitetos: Harry Roitman e Reinald Marques.
Residência da família Colombo, Rio de Janeiro.
Residência Teimo Dutraz Rezende, Rio de Janeiro.
Parque Moça Bonita, Rio de Janeiro.
Restaurante do jardim do Ministério da Educação e Cultura, Rio de Janeiro.
Banco Central do Paraguai. Arquiteto: Roberto Thompson Motta.
Estudo para o Centro de lazer do Estado de Oleta River, Miami, Flórida, EUA.
Clube Marina Barra, Rio de Janeiro.
Parque Leopoldina, Juiz de Fora, Minas Gerais.
Edifício São Luís Participações S.A., São Paulo.
Jardim da Avenida Barão do Rio Branco, Juiz de Fora, Minas Gerais.
Residência Jorge Duvernoy, Rio de Janeiro. Arquiteto: Francisco Gouveia.
Plano Paisagístico para o Teatro Pascoal Carlos Magno, Juiz de Fora, Minas Gerais.
Banco Boa Vista, S.A., Rio de Janeiro. Arquitetos: Pontual Associados Arquitetura e Planejamento Ltda.
Centro Comercial do Parque, Brasília. Arquiteto: Robert Fuchs.

Restauração do jardim da residência Raul de Sá Barbosa, Rio de Janeiro.
Edifício de serviços do Banco Safra S.A., Rua Bela Cintra, São Paulo. Arquitetos: Roberto Loeb e Majer Botkowski.
Anteprojeto para a chácara Santa Elena, São Paulo. Arquitetos: Jorge Zalszupin e José Gugliotta.
Residência Peter Schaefer, São Paulo. Arquitetos: Alfred Talaat e Ronald Racy.
Companhia Bahia Metalchemicals S.A., Bahia.
Centro tecnológico e industrial de Resende, Rio de Janeiro.
Anteprojeto para o Banco Nacional do Norte S.A., Bairro de Prazeres, Pernambuco. Arquitetos: Vital M.T. Pessoa de Melo, Glauco Campeio e José Luís França de Pinho.
Projeto de jardim para o Largo do Passeio, Rio de Janeiro.
Motel em Piedade, Recife, Pernambuco. Arquiteto: José Goiana Leal.

1983

Plano paisagístico da praia de Itacoatiara, Rio de Janeiro.
Banco Safra S.A., Curitiba, Paraná. Arquitetos: Aquiplan Arquitetura e Planejamento SCL.
CENAB, Centro Administrativo Banorte, Recife, Pernambuco. Arquitetos: Vital M.T. Pessoa de Melo, Glauco Campeio e José Luís França de Pinho.
Praça Chain Weismann, Rio de Janeiro.
Residência Eduardo Bonança Tinoco, Rio de Janeiro.
Edifício da Tecelagem Vicunha Nordeste S.A., Fortaleza, Ceará. Arquiteto: Acácio Gil Borsói.
SESC, Rio de Janeiro. Arquitetos: Carlos Pini, Marcos Flaksman e Carlos Vergara.
Banco Safra S.A., Recife, Pernambuco. Arquiteto: Sidônio Porto.
Residência Elza Bebianno, Rio de Janeiro. Arquiteto: Bruno Figueiredo.
Estações da Companhia Nacional de Estradas de Ferro: Presidente Juscelino, Nilópolis, Comendador Soares, Edson Passos, D. Pedro II e Nova Iguaçu, Rio de Janeiro.
Hacienda Carabobo, residência Oscar Martinez, Venezuela.
Banco do Estado de São Paulo S.A., BANESPA, Rio de Janeiro.
Anteprojeto para o Edifício Villa-Lobos, Rio de Janeiro.
Edifício de Sallas Engenharia Indústria e Comércio Ltda., Campo Grande, Mato Grosso do Sul. Arquiteto: Rubens Gil de Camillo.
Sede do Banco Safra S.A., São Paulo. Arquiteto: Maurício Kogan.
Residência Gilson Araújo, Rio de Janeiro.
Residência Joseph Safra, São Paulo. Arquiteto: Sérgio Bernardes.
Hotel Mar, Recife, Pernambuco. Arquiteto: José Goiana Leal.

1984

Banco do Nordeste do Brasil S.A., Fortaleza, Ceará. Arquitetos: Marcos A. Thé Mota e Wesson M. Nóbrega.

Anteprojeto para o Parque dos Poderes, Campo Grande, Mato Grosso do Sul.
Residência Marina Stehlin, Itaipava, Rio de Janeiro.
Condomínio Centro Cândido Mendes, Rio de Janeiro.
Residência Raul de Souza Martins, Rio de Janeiro.
Residência Santos Guglielmi, Santa Catarina.
Escritórios do parque de São Paulo, São Paulo.
Residência Fernando Policarpo de Oliveira, Rio de Janeiro. Arquiteto: Roberto Maia.
Residência H.L. Boulton, Caracas, Venezuela.
Fundação Álvares Penteado, São Paulo.
Anteprojeto para a reserva Casa Grande. Arquiteto: Maurício Kogan.
Sede do Banco Safra S.A., Rio de Janeiro. Arquitetos: Paulo Casé e Luís Acioli Arquitetos Associados.
Fazenda Colubandé, Rio de Janeiro.
SEW do Brasil Motores-Redutores Ltda., São Paulo.
Banco Safra S.A., Belo Horizonte, Minas Gerais.
Banco do Brasil S.A., Rio de Janeiro.
Fundação Caemi para a Seguridade Social, Rio de Janeiro.
Residência Erlinda e Moisés Gouvea Cohen, Rio de Janeiro.
Residência José Goiana Leal, Recife, Pernambuco.

1985

Tratamento paisagístico do Parque Lagoa Maracá, São Paulo.
Tratamento paisagístico do Parque Memorial Nilo Coelho, Petrolina.
Tratamento paisagístico da Avenida Litorânea, São Luís, Maranhão.
Tratamento paisagístico do Parque Feira de Santana, Bahia.
Banco Safra S.A. (Avenida Paulista), São Paulo.
Indústria Pan-American Venetian Blinds Factory S.A., Rio de Janeiro.
Residência Eduardo Coimbra Bueno, Caçu, Goiás.
Residência John Brenninkmeyer, São Paulo.
Companhia de Seguros COMIND, São Paulo.
Tratamento paisagístico do Parque Ipanema, Ipatinga, Minas Gerais.
Jardim e escultura para a Sinagoga, São Paulo.
União Rural de Guarapuava, Paraná.
Praça Frei Orlando e Igreja São Francisco de Assis, São João del Rei, Minas Gerais.
Convento Santo Antônio e Ordem IIIª de São Francisco, Rio de Janeiro.
Largo da Carioca, Rio de Janeiro.
Companhia Rio do Norte Mining S.A., Porto de Trombetas, Oriximiná, Pará.
Edifício Portal da Enseada, Fortaleza, Ceará.
Residência Joseph Safra, Rio de Janeiro.
Residência Joseph Safra, Brasília.
Residência Moacyr Bastos, Rio de Janeiro.
Edifício do Lloyds International Limited, Belo Horizonte, Pernambuco.

1986

Companhia Transauto Transportes Especializados de Automóveis S.A., São Paulo.
Anteprojeto para a praia do Parque São Sebastião, Bahia.
Condomínio Helena Chaves, Bahia.
Anexo do Ministério das Relações Exteriores, Brasília.
Anteprojeto para a Praça Getúlio Vargas, Varginha, Minas Gerais.
Companhia Paraná Ceramics S.A., São Paulo.
Residência Helenilson Jorge de Almeida Chaves, Bahia.
Anteprojeto para a Companhia Encol S.A., Rio de Janeiro.
Residência Evandro Ferraz Mendes, Rio Grande do Sul.
Plano Paisagístico para o Edifício Jardin Des Giverny, São Paulo.
Museu Villa-Lobos, Rio de Janeiro.
Residência Carlos Costa Pinto, Salvador, Bahia.
Residência Dicéia Ferraz, Rio de Janeiro.
Residência Eurico Villela, Rio de Janeiro.
Hotel *Rio Poty*, Teresina, Piauí.
Residência João José Campanillo Ferraz, São Paulo.
Plano paisagístico para o Parque Nacional Canaima, Venezuela.
Residência Patrícia e Nelson Tanure, Rio de Janeiro.
Residência José Fernando Gonçalves Féria, São Paulo.
Consultor para o Plano diretor de urbanização do Território de Fernando de Noronha.
Edifício Imperial, Rio de Janeiro.
Residência Gustavo Halbreich, São Paulo.
Edifício do Parque Cultural Paulista, São Paulo.
Edifício Amadeus, Rio de Janeiro.
Residência Edgar Hargreaves, Rio de Janeiro.
Edifício do parque Los Angeles, São Paulo.
Companhia Sherwin Williams do Brasil Indústria e Comércio Ltda., São Paulo.
Residência Christian Nacht, Rio de Janeiro.
Estudo preliminar para o Jardim Botânico, Louisville, Kentucky, EUA.
Residência Sílvia Regina Leite Pinto de Magalhães, Rio de Janeiro.

1987

Plano para a residência Marlyn Royal Flat Apartment Hotel, Recife, Pernambuco.
Plano para o jardim Pignatari, São Paulo.
Tratamento paisagístico do centro financeiro Wall Street, Belo Horizonte, Minas Gerais.
Residência Carlos Alberto Barbosa Silva, Rio de janeiro.
Anteprojeto para edifício na Rua São Clemente, Rio de Janeiro.
Tratamento paisagístico para o Edifício Nijinski, Rio de Janeiro.
Residência Roberto Marinho, Rio de Janeiro.
Tratamento paisagístico para o *Hotel da Praia Tiffany*, Fortaleza, Ceará.
Conselho Regional de Engenharia Civil, São Paulo.

Tratamento paisagístico para o Centro Tecnológico do Exército, Rio de Janeiro.
Plano para o aquário do Parque do Flamengo, Rio de Janeiro.
Tratamento paisagístico para o Museu de Escultura e Jardim do Brasil, São Paulo.
Anteprojeto para a Fazenda Santa Carolina, São Paulo.
Montehiedra, Porto Rico.
Residência Henrique Libman, Rio de Janeiro.
Anteprojeto para a Companhia Coitizeiro Mining S.A., Bahia.
Residência Antônio Amaral Rezende, São Paulo.
Companhia União, Rio de Janeiro.
Anteprojeto para a residência José Portinari Leão e Ana Luísa Leão, Rio de Janeiro.

1988

Tratamento paisagístico de Biscayne Boulevard, Miami, Flórida, EUA.
Cenários e Figurinos para a ópera *Ariadne auf Naxos*, Teatro Municipal do Rio de Janeiro.
Centro financeiro Clóvis Rolin Ltda., Fortaleza, Ceará.
Anteprojeto para a residência César de Carvalho, Rio de Janeiro.
Formulários Contínuos Continac S.A., Rio de Janeiro.
Estudo preliminar para o *Hotel Petribu*, Jaboatão, Pernambuco.
Residência Pio Rodrigues Neto, Fortaleza, Ceará.
Residência Antonio Velasquez, Rio de Janeiro.
Edifício Comercial, Porto Alegre, Rio Grande do Sul.
Prédio Residencial, Porto Alegre, Rio Grande do Sul.
PETROBRÁS – Cenpes, Rio de Janeiro.
Anteprojeto para o Sistema Residencial, São Paulo.
Anteprojeto para o trevo viário Avenida das Américas/Avenida Alvorada, Rio de Janeiro.
Edifício Residencial, Porto Alegre, Rio Grande do Sul.
Escritório Cauduro/Martino Arquitetos Associados Ltda., São Paulo.
Anteprojeto para o Parque Nacional de Goiânia, Goiás.
Anteprojeto para o Centro Empresarial Alto de Pinheiros, São Paulo.
Anteprojeto para o Centro Comercial West Plaza, São Paulo.
Anteprojeto de reforma do jardim da residência Henry Lord Boulton, Caracas, Venezuela.
Anteprojeto para a residência Luís Fernando Marcellinos dos Santos, São Paulo.
Anteprojeto para o Centro Cultural Banco do Brasil S.A., Rio de Janeiro.

1989

Anteprojeto para o Centro Cultural Lagoa, Rio de Janeiro.
Estudo Preliminar para a Exposição Internacional "Jardins e Plantas Verdes", Osaka, Japão, 1990 (Expo 90).
Anteprojeto para o prédio da Aldeia Verde, Curitiba, Paraná.
Anteprojeto para a residência Mário Austregésilo de Castro, São Paulo.

Plantas Descobertas por Burle Marx

Anthurium burle-marxii, descrita por G. M. Barroso.
Begonia burle-marxii, descrita por Brade.
Graziellanthus burle-marxii, descrita por L. B. Smith.
Heliconia burle-marxii, descrita por L. Emygdio.
Mandevilla burle-marxii, descrita por Markgraf.
Philodendron burle-marxii, descrita por G. M. Barroso.
Pitcairnia burle-marxii, descrita por R. Braga e D. Sucre.
Pontederia burle-marxii, descrita por Mell Barr.
Vellózia burle-marxii, descrita por L. B. Smith.
Chaestostoma burle-marxii, descrita por (L. B. Smith & Aynsu) N. Menezes.
Grazielanthus piqueteana, descrita por N. Menezes.
Dyckia burle-marxii, descrita por L. B. Smith.

Nota sobre os Autores

JACQUES LEENHARDT (1942), filósofo e sociólogo, leciona na École des Hautes Etudes em ciências sociais (Paris).
Presidente da Associação Internacional dos Críticos de Arte (AICA).
Presidente de CRESTET, Centre d'Art (Vaucluse).

JACQUES SGARD é arquiteto paisagista e urbanista, em atividade na França desde 1960, tendo-se interessado pelos múltiplos aspectos da arte dos jardins e da paisagem. Surge, nesse setor, como um dos pioneiros de sua geração. A ele se deve o Parque André Malraux, em La Défense, o jardim do Museu Rodin, em Paris, o Parque dos Pinheiros em Beirute, obra em que trabalha no presente momento. Escolhido para a renovação de parques históricos em Charamande, Rambouillet, Marly-le-Roy, intervém igualmente no domínio dos grandes equipamentos tecnológicos e sua integração no meio ambiente, bem como no paisagismo regional.

GILLES CLÉMENT

Principais realizações:

1976: haras do Ermitage (Orne), 90 ha.
1984: Jardim da Rosa dos Ventos, em Bali (Indonésia).
1986-1988: jardins de Valloires – abadia cisterciense (Somme), 10 ha.
1986-1992: Colaureado do Concurso internacional do Parque André Citroën, Paris 15e, 13 ha.
1987: parque do castelo de Bénouville (Calvados), 10 ha.
1987-1993: jardins do castelo de Blois, 5 ha.

1988-1994: domínio do Rayol – Conservatório do litoral (Var), Jardim austral, 5 ha.
1990-1994: ampliação do cemitério civil de Saint-Avoid (Lorena), 10 ha.
1990: jardim em movimento das Pistas de Lazenay em Bourges, 3 ha.
1990: parecer sobre a recuperação do Jardim das Tulherias, em Paris, 23 ha.
1991-1994: jardins do Episcopado em Amiens (Somme), 1 ha.
1991: equipe laureada no concurso do Grande Eixo de La Défense.
1991-1993: jardins do Crédit Foncier [Crédito Imobiliário], Paris.
1992-1994: Terre Vivante – domínio de Raud (Isère), 90 ha.
1992: equipe laureada (Acanto/Gravado) pelo Parque Euralille, em Lille, 10 ha.
1994: La Main Verte – Teatro Tsai – Combs-la-Ville e TNP Villeurbanne.

Últimas obras publicadas:

Le Jardin en Mouvement, Paris, ed. Pandora, 1991.
La Vallée, Paris, ed. Pandora, 1991.
Jardin en mouvement, de la Vallée au parc André Citroën, Paris, ed. Tonka Sens, 1994.
Além de inúmeros artigos em revistas profissionais.

ARNAUD MAURIÈRES, nascido em 1962, em Montauban. Botânico. Laureado com o Prêmio Internacional de Jovens Cientistas (1983) por um estudo sobre a evolução das orquídeas europeias.
Conservador do Conservatório Botânico do Ariège, 1984-1985.
Diretor do domínio hortícola de Bellongue (viveiro especializado em plantas de coleção), 1986-1989.
Paisagista a partir de 1987.
Comissionado junto ao Ministro da Cultura de 1990 a 1993.
Diretor da "École Méditerranéenne des jardins et du paysage" a partir de 1993.
Principais realizações com Eric Ossart: numerosos jardins particulares, instalações para vários espaços de arte contemporânea (Blagnac, Nice, Biarritz, Pau, Boulogne-sur-Seine, Reuil-Malmaison, roseiral do Episcopado em Blois, restauração do jardim da Estufa de la Madone, em Menton).

JEAN-PIERRE LE DANTEC (1943), engenheiro da "École centrale". Historiador da cidade, da arquitetura e da arte dos jardins. Professor da "École d'architecture de Paris-la Vilette".

Últimas obras publicadas:

Ile Grande (romance), Paris, La Table Ronde, 1989.
Dédale le héros, situation de l'architecture contemporaine, Paris, Balland, 1992.
Em colaboração com Denise Le Dantec:
Le Roman des jardins de France, leur histoire, Paris, Pion/Christian de Bartillat, 1987.
Jardins de Paris, Paris, Flammarion, 1991.

NOTA SOBRE OS AUTORES

MICHEL RACINE, arquiteto e urbanista, chefe do departamento de Formação Contínua da "École Nationale Supérieure du Paisage" e da "École Nationale Supérieure d'Horticulture". Fundador, em 1983, do ARPEJ, "Association pour l'art des paysages et des jardins", iniciador da campanha "Na França, visitem um jardim". Representante francês no Comitê Internacional dos Jardins e Monumentos Históricos (ICOMOS – IFLA). Dirigiu numerosos estudos multidisciplinares sobre a qualidade do *habitat*, o meio ambiente e a paisagem, o primeiro catálogo dos jardins na França, tendo realizado diversas exposições das quais também participou.

Obras publicadas:

Pour un habitat adapté, éds. du CRU, 1979.
Architecture des rocailleurs, ed. du Moniteur, 1981.
Jardins de Provence, Edisud, 1987.
Jardins de la Côte d'Azur, com Ernest Boursier-Mougenot, Edisud, 1987.
Gardens of Provence and of the French Riviera, MIT Pres, 1987.
Le Guide des jardins de France, éds. Hachette, 1990.

CRÉDITOS FOTOGRÁFICOS

© Jacques Leenhardt: p. X, 2, 3, 8, 11, 19, 22 (foto superior), 27, 30, 37, 39, 40, 41, 42, 44, 45, 46, 49, 53, 54, 59, 64, 71 (foto inferior), 76, 81, 82, 87, 101, 108, 113, 116
© Marcel Gautherot: p. 22 (foto inferior), 71 (foto superior), 94
© Direitos reservados: p. 16, 34, 43, 60, 93, 108

Bibliografia Seletiva

TEXTOS ESCOLHIDOS DE ROBERTO BURLE MARX

Arte e Paisagem: *Conferências Escolhidas.* São Paulo, Nobel, 1987.
"Jardins au Brésil". *Techniques et Architecture*, Paris, vol. 7, n° 7-8 (1947), pp. 326-327.
"A Garden Style in Brazil to Meet Contemporary Needs". *Landscape Architecture.* Louisville, vol. 44, n° 4 (julho de 1954), pp. 200-208.
"Giardini e Parchi presso Rio". *L'Architettura*: *Cronache e Storia*, Milão, vol. 10, n° 9 (Janeiro de 1965), p. 620.
"Santiago Caracol: Headquarters of the United Nations Economic Commission for Latin America". *Progressive Architecture*, Nova York, vol. 47 (dezembro de 1966), pp. 158-159.
"An Exploration into the Use of Artificial Light in the Garden". S/d, trad, ing. Denise Otis.
"Condena Matas Devastadas e Pede Rigor em Leis do Reflorestamento". *Jornal do Brasil*, Rio de Janeiro, 25 de março de 1969.
"Brasília Deve Manter sua Paisagem Tropical". *O Globo*, Rio de Janeiro, 20 de abril de 1970.
"Testimonio to Rino Levi". 1972. In: *Rino Levi.* Milão, Edizioni di Comunitá, 1974.

LIVROS E CATÁLOGOS

ALIATA, Fernando. "De la technique picturale aux 'tableaux écologiques': les jardins de Roberto Burle Marx". In: *Histoire des jardins de la Re-*

naissance à nos jours, sob a direção de Monique Mosser e Georges Teyssot. Paris, Flammarion, 1991, pp. 515-517.
BARDI, Pietro Maria. *The Tropical Gardens of Burle Marx.* Nova York, Reinhold Publishing Corporation, 1964.
BAYON, Damian. *Panorámica de la arquitectura latino-americana.* Fotografias de Paulo Gasparini. Barcelona, Unesco-Blume, 1977. Trad. ing. *The Changing Shape of Latin American Architecture.* Nova York, John Wiley and Sons, 1977.
CARAMAN-CHIMAY, Princesa de. *Votre jardin et vous.* s. l. Société encyclopédique française, 1970.
Jardins de Burle Marx, 1952.
CATLIN, Staton Loomis. *Art of Latin America Since Independence.* The Yale University and Texas University, 1956.
ELIOVSON, Sima. *The Gardens of Roberto Burle Marx.* Prefácio de Roberto Burle Marx. Portland, Oregon, Timber Press, 1990.
FRAMPTON, Kenneth. *Modern Architecture: A Critical History.* Nova York e Toronto, Oxford University Press, 1980.
GOODE, Patrick e Lancaster, Michael (eds.). "Burle Marx, Roberto,". In: *The Oxford Companion to Gardens*, Geoffrey Jellicoe e Susan Jellicoe, consultores. Nova York e Londres, Oxford University Press, 1986.
GOODWIN, Philip. *Brazil Builds: Architecture New and Old, 1642-1942.* Nova York, The Museum of Modern Art, 1943.
GOULART REIS FILHO, Nestor. "The Architecture of Rino Levi". In: *Rino Levi*, Milão, Edizioni di Comunità, 1974. Estuda as relações entre os jardins de Burle Marx e a arquitetura de Levi.
HITCHCOCK, Henry-Russel. *Latin American Architecture since 1945.* Nova York, The Museum of Modem Art, 1955.
JELLICOE, Geoffrey Alan. "Roberto Burle Marx: Landascape Design". Londres, Institute of Contemporary Arts, 1956. Catálogo.
Studies in Landscape Design, vol. 1. Londres, Oxford University Press, 1960.
KASSLER, Elizabeth B. *Modern Gardens and the Landscape.* Nova York, The Museum of Modern Art, 1964. Reed, em 1984.
LEENHARDT, Jacques. "Roberto Burle Marx, Pintor". In: Coelho Frota, L. & Hollanda, G. de (eds.). *Roberto Burle Marx, Uma Poética da Modernidade*, Minas Gerais, Grupo Itaminas, 989, pp. 53-54.
MEE, Margareth. *Flowers of the Brazilian Forests.* (Introdução de Roberto Burle Marx). Londres, The Tryon Gallery, 1968.
MINDLIN, Henrique. *Modern Architecture in Brazil.* Nova York, Reinhold Publishing Corporation, 1956.
MONTERO, Marta. *Roberto Burle Marx, Brésilien, paysagiste.* Versalhes, ENSP, 1988.
MOITA, Flávio. *Roberto Burle Marx e a Nova Visão da Paisagem.* Fotografias de Marcel Gautherot. São Paulo, Nobel, 1984.
NLEMEYER, Oscar. Prefácio. In: Damaz, Paul. *Art in Latin American Architecture.* Nova York, Reinhold Publishing Corporation, 1963.
PARIS, Museu Galliera *Roberto Burle Marx.* Catálogo da exposição, 1973.

SÃO PAULO, V Bienal. *Roberto Burle Marx: Sala Especial.* Catálogo da exposição, texto de Bruno Zevi, 1959.
VENEZA, XXXV Bienal. *Catálogo da Representação do Brasil: Pinturas, Projetos e Fotografias de Jardins de Roberto Burle Marx.* Catálogo da exposição, 1970.
WASHINGTON, D.C., Pan American Union. *Architecture in Brazil: Roberto Burle Marx.* Catálogo da exposição, maio de 1954.
Four Artists of the Americas: Roberto Burle Marx, Alexander Calder, Amelia Peláez, Rufino Tamayo. Catálogo da exposição, texto de José Gómez Sicre, 1957.

ARTIGOS

AMARAL, Tarsila do. "Roberto Burle Marx". *Diário de São Paulo*, São Paulo, 8 de dezembro de 1946.
APPLEGATE, Judith. "Biennale 1970". *Art International*, Lugano, vol. 14, nº 7 (setembro de 1970), pp. 82-85.
"ARAXÁ, Brazil: Sulphur Springs Pavilion". *Architectural Forum*, Nova York, vol. 87 (novembro de 1947), pp. 68-69.
ARNOLD, Christopher. "Burle Marx". *Architecture and Building.* Londres, vol. 30, nº 5 (maio de 1956), pp. 181-184.
BANHAM, Reyner. "The Profession of Landscape Architect and the Existence of Burle Marx". *Art News and Review.* Londres, vol. 116 (junho de 1956).
BARATA, Mário. "O Mago dos Jardins". *Diário de Notícias*, Rio de Janeiro, 15 de março de 1956.
"BURLE MARX e a Preservação Paisagística". *Jornal do Comércio*, Rio de Janeiro, 19 de maio de 1970.
BARDI, Pietro Maria. "O Jardineiro Burle Marx". *Habitat*, São Paulo, nº 78 (julho de 1964), pp. 35-41.
BEST, Alastair. "Waste Land" [Exposição: Royal College of Art, Londres]. *The Architect's Journal.* Londres, col. 175 (24 de março de 1982), pp. 20-21.
BYRD, Warren T. e Susan S. Nelson. "On Drawing". *Landscape Architecture*, Louisville, vol. 75, nº 4 (julho-agosto de 1985), pp. 44-54.
CARELLI, Emilie. "Roberto Burle Marx: peintre du paysage". *L'Architecture d'aujourd'hui*, Paris, nº 262 (abril de 1989), pp. 92-95.
CARTER, Allen. "Gardens: The Hidden Valley, Spectacular Setting in the Mountains above Rio". *Architectural Digest*, Nova York, vol. 37, nº 2 (março de 1980), pp. 114-119.
CASO, Paul. "Roberto Burle Marx". *Le Soir*, Bruxelas, 13 de março de 1957.
CLARK, H. F. "Reflections on Burle Marx". *Journal of the Institute of Landscape Architects*, Londres, vol. 38 (março de 1957), pp. 2-5.
CLAY, Grady. "Brasilia and Its Personalities". *Landscape Architecture*, Louisville, vol. 53, nº 4 julho de 1963), p. 261.

CREASE, David. Resenha [*The Tropical Gardens of Burle Marx*, de P. M. Bardi]. *Architectural Review*, Londres, vol. 136, nº 814 (dezembro de 1964), p. 397.
DUNNING GRUB, H. B. "Gardens of Roberto Burle Marx". *Royal Architectural Institute of Canada Journal*, Toronto, vol. 29, nº 2 (fevereiro de 1952), pp. 42-44.
EATON, Leonard K. "Landscape Architect Burle Marx: An Artist of Indisputable Significance". *Progressive Architecture*, Nova York, vol. 46 (novembro de 1965), pp. 212-220.
EMMANUEL, Muriel. "Roberto Burle Marx". *Landscape Design*, nº 127 (agosto de 1979), p. 15.
FLOUQUET, Pierre-Louis. "Un jardiniste brésilien: Roberto Burle Marx". *La Maison*, Bruxelas, vol. 3, nº 10 (outubro de 1947), pp. 263-265.
GIEDION, Siegfried. "Burle Marx et le jardin contemporain". *L'Architecture d'aujourd'hui*, Boulogne-sur-Seine, nº 42-43 (agosto de 1952), pp. 11-14.
"ROBERTO BURLE MARX und das Problem der Gartengestaltung". *Werk*, Berna, vol. 40 (agosto de 1953), pp. 252-253.
"NEUE ARBEITEN des Brazilianischen Gartengestalters im Kunstgewerbemuseum, Zurich". *Werk*, Berna, vol. 43 (dezembro de 1956), suplemento p. 247.
GÓMEZ SICRE, José. "Burle Marx of Brazil Design Gardens for Today". *Americas* (Washington, D.C.), vol. 5 (julho de 1954), pp. 9-12.
GREGORY, Frederick. "Roberto Burle Marx: The One-Man Extravaganza". *Landscape Architecture*, Louisville, vol. 71, nº 3 (maio de 1981), pp. 346-347.
HAMERMAN, Conrad. "Roberto Burle Marx: The Man and His Work". *Pacific Horticulture*, San Francisco, inverno de 1985, pp. 22-30.
HERVÉ, Lucien. "Exposition Burle Marx au musée Gallilera, Paris". *L'Architecture d'aujourd'hui*, Boulogne-sur-Seine, nº 166 (março de 1973), p. 116.
"HOLIDAY HOSTEL at Tijuca, near Rio de Janeiro, for Employees of the King Insurance Company of Brazil: Views and Plans". *Architectural Review*, Londres, vol. 102 (dezembro de 1947), pp. 185-188.
"JARDINS DE l'aéroport de Rio: vues et plan". *L'Architecture d'aujourd'hui*, Boulogne-sur-Seine, nº 52 (Janeiro de 1954), p. 33.
KERNER, Miguel Thomas. "Roberto Burle Marx: Parchi, giardini, ville, piazzi, spiagge". *L'Architettura: Cronache e Storia*, Milão, vol. 21, nº 12 (abril de 1976), pp. 716-730.
KORFF, Alice Graeme. "Roberto Burle Marx of Brazil: Winner of the 1965 AI A Fine Arts Medal". *American Institute of Architects Journal*, Washington, D.C., vol. 43 (maio de 1965), pp. 44-46.
LANCASTER, Michael. Manuscrito inédito, s./d. Emprestado por Denise Otis.
LOPEZ, Frank G. "Roberto Burle Marx: Art and Landscape". *Architectural Record*, Nova York, vol. 116 (outubro de 1954), pp. 145-151, 320, 324.
MARC, Olivier. "Jardins brésiliens". *Aujourd'hui, Art e Architecture*, Boulogne-sur-Seine, vol. 8, nº 46 (julho de 1964), pp. 52-53. "Miami

Streetscape". *Landscape Architecture*, Louisville, vol. 79, nº 2 (março de 1989), p. 16.

Motta, Flávio. "Four Gardens by Roberto Burle Marx". *Architectural Forum*, Nova York, vol. 87, nº 5 (novembro de 1947), pp. 90-91.

"Musée d'Art Moderne à Rio de Janeiro: les Jardins". *L'Architecture d'aujourd'hui*, Boulogne-sur-Seine, nº 67-68 (outubro de 1956), pp. 158-159.

"Os Jardins de Burle Marx". *Habitat*, São Paulo, nº 3 (abril-junho de 1951), pp. 7-15.

Otis, Denise. "Artists of the Garden: The Extraordinary Landscape Designs of Brazil's Roberto Burle Marx". *House and Garden*, Nova York, vol. 158, nº 9 (setembro de 1986), pp. 166-177, 220-228.

"Pavillon du Brésil à Bruxelles: le Jardin". *L'Architecture d'Aujourd'hui*, Boulogne-sur-Seine, nº 29 (junho de 1958), p. 32.

Playfair, Guy. 'The Versatility of Burle Marx". *Architectural Review*, Londres, vol. 136 (novembro de 1964), pp. 360-365.

"Project for House in Santa Barbara". *Art and Architecture*, Los Angeles, vol. 66, nº 3 (março de 1949), pp. 26-29.

"Report on Brazil: Gardens by Burle Marx". *Architectural Review*, Londres, vol. 116 (outubro de 1954), pp. 244-245.

Resenha [*The Tropical Gardens of Burle Marx*, de P. M. Bardi], *Werk*, Berna, vol. 52, janeiro de 1965, suplemento pp. 24-25.

Richardson, Tim. "Copacabana Pavements". *Architectural Review*, Londres, vol. 177, nº 1056 (fevereiro de 1985), pp. 80-81.

"Rio de Janeiro Airport", *Architectural Review*, Londres, vol. 101, nº 603 (março de 1947).

"Rio de Janeiro: Luxury Beach Hotel at Praia Vermelha". *Architectural Forum*, Nova York, vol. 87 (novembro de 1947), pp. 74-75.

"Rio, Museu de Arte Moderna: Exposição Burle Marx", *Habitat*, São Paulo, nº 71 (janeiro de 1964), p. 102.

Rivera, William M. Resenha [*"Four Artists of the Americas: Roberto Burle Marx, Alexander Colder, Amelia Peláez, Rufino Tamayd"*, de J. Gomez Sicre]. *Journal of Aesthetics and Art Criticism*, Baltimore, vol. 17, nº 3 (março de 1959), p. 387.

"Roberto Burle Marx". *Habitat*, São Paulo, nº 71 (março de 1963), p. 65.

"Roberto Burle Marx: Notes by the Artist". *Arts and Architecture*, Los Angeles, vol. 71, nº 7 (julho de 1954), pp. 18-19.

Rykwert, Joseph. "Il giardino del futuro fra estética e tecnologia". *Rassegna*, Bolonha, nº 8 (outubro de 1981), pp. 5-12.

Saarinen, Aline B. "Brazilian Pioneer: Landscape Architecture of Burle Marx Represented in Washington Show". *The New York Times*, 30 de maio de 1954.

"Spring House at Araxá, Brazil". *Architectural Review*, Londres, vol. 102, nº 611 (novembro de 1947), pp. 171-172.

Thompson, A. D. Relatório para a FAO: "Paysage et adaptation botanique au Brésil". Novembro de 1967.

"Trois Jardins de R. Burle Marx: illustrations". *L'Architecture d'aujourd'hui*, Boulogne-sur-Seine, nº 49 (outubro de 1953), pp. 91-93.

"Un Architecte Paysagiste Brésilien". *La Métropole*, Bruxelas, 16 de março de 1957.

VINCENT, Claude. "Modem Garden in Brazil". *Architectural Review*, Londres, vol. 101 (maio de 1947), pp. 165-172.

WALMSLEY, Anthony. "Burle Marx, South America: Appraisal of a Master Artist". *Landscape Architecture*, Louisville, vol. 53, n° 4 (julho de 1963), pp. 261-270.

"Work of Burle Marx on Tour". *Interiors*, Nova York, vol. 114, n° 3 (outubro de 1954), p. 16.

ZEVI, Bruno. "Des jardins aux bijoux modernes de Burle Marx". *Architecture, formes, fonction*, Lausanne, n° 8 (1961-1962), pp. 68-69.

"Zevi vs. Brasília: Leading Questions to IFLA Congress". *Architectural Review*, Londres, vol. 133 (abril de 1963), p. 234.

ARQUITETURA NA PERSPECTIVA

Quadro da Arquitetura no Brasil
 Nestor Goulart Reis Filho (D018)
Bauhaus: Novarquitetura
 Walter Gropius (D047)
Morada Paulista
 Luís Saia (D063)
A Arte na Era da Máquina
 Maxwell Fry (D071)
Cozinhas, Etc.
 Carlos A. C. Lemos (D094)
Vila Rica
 Sylvio de Vasconcellos (D100)
Território da Arquitetura
 Vittorio Gregotti (D111)
Teoria e Projeto na Primeira Era da Máquina
 Reyner Banham (D113)
Arquitetura, Industrialização e Desenvolvimento
 Paulo J. V. Bruna (D135)
A Construção do Sentido na Arquitetura
 J. Teixeira Coelho Netto (D144)
Arquitetura Italiana em São Paulo
 Anita Salmoni e Emma Debenedetti (D173)
A Cidade e o Arquiteto
 Leonardo Benevolo (D190)
Conversas com Gaudí
 Cesar Martinell Brunet (D307)
Por Uma Arquitetura
 Le Corbusier (E027)
Espaço da Arquitetura
 Evaldo Coutinho (E059)
Arquitetura Pós-Industrial
 Raffaele Raja (E118)
A Casa Subjetiva
 Ludmila de Lima Brandão (E181)
Arquitetura e Judaísmo: Mendelsohn
 Bruno Zevi (E187)
A Casa de Adão no Paraíso
 Joseph Rykwert (E189)
Pós-Brasília: Rumos da Arquitetura Brasileira
 Maria Alice J. Bastos (E190)
A Ideia de Cidade
 Joseph Rykwert (E234)
Interior da História
 Marina Waisman (E308)
O Culto Moderno dos Monumentos
 Alois Riegl (EL64)
Espaço (Meta)Vernacular na Cidade Contemporânea
 Marisa Barda (K26)
Arquitetura Contemporânea no Brasil
 Yves Bruand (LSC)
Brasil: Arquiteturas Após 1950
 Maria Alice Junqueira Bastos e Ruth Verde Zein (LSC)
A Coluna Dançante: Sobre a Ordem na Arquitetura
 Joseph Rykwert (LSC)
História da Arquitetura Moderna
 Leonardo Benevolo (LSC)

URBANISMO NA PERSPECTIVA

Planejamento Urbano
 Le Corbusier (D037)
Os Três Estabelecimentos Humanos
 Le Corbusier (D096)
Cidades: O Substantivo e o Adjetivo
 Jorge Wilheim (D114)
Escritura Urbana
 Eduardo de Oliveira Elias (D225)
Crise das Matrizes Espaciais
 Fábio Duarte (D287)
Primeira Lição de Urbanismo
 Bernardo Secchi (D306)
A (Des)Construção do Caos
 Sergio Kon e Fábio Duarte (orgs.)
 (D311)
A Cidade do Primeiro Renascimento
 Donatella Calabi (D316)
A Cidade do Século Vinte
 Bernardo Secchi (D318)

A Cidade do Século XIX
 Guido Zucconi (D319)
O Urbanismo
 Françoise Choay (E067)
Regra e o Modelo
 Françoise Choay (E088)
Cidades do Amanhã
 Peter Hall (E123)
Metrópole: Abstração
 Ricardo Marques de Azevedo (E224)
História do Urbanismo Europeu
 Donatella Calabi (E295)
Área da Luz
 R. de Cerqueira Cesar, Paulo J. V.
 Bruna, Luiz R. C. Franco (LSC)
Cidades Para Pessoas
 Jan Ghel (LSC)
Cidade Caminhável
 Jeff Speck (A&U)

COLEÇÃO ESTUDOS
(Últimos Lançamentos)

332. *Teatro Hip-Hop*, Roberta Estrela D'Alva
333. *O Soldado Nu: Raízes da Dança Butō*, Éden Peretta
334. *Ética, Responsabilidade e Juízo em Hannah Arendt*, Bethania Assy
335. *Alegoria em Jogo: A Encenação Como Prática Pedagógica*, Joaquim Gama
336. *Jorge Andrade: Um Dramaturgo no Espaço Tempo*, Carlos Antônio Rahal
337. *Nova Economia Política dos Serviços*, Anita Kon
338. *Arqueologia da Política*, Paulo Butti de Lima
339. *Campo Feito de Sonhos*, Sônia Machado de Azevedo
340. *A Presença de Duns Escoto no Pensamento de Edith Stein: A Questão da Individualidade*, Francesco Alfieri
341. *Os Miseráveis Entram em Cena: Brasil, 1950-1970*, Marina de Oliveira
342. *Antígona, Intriga e Enigma*, Kathrin H. Rosenfield
343. *Teatro: A Redescoberta do Estilo e Outros Escritos*, Michel Saint-Denis
344. *Isto Não É um Ator*, Melissa Ferreira
345. *Música Errante*, Rogério Costa
346. *O Terceiro Tempo do Trauma*, Eugênio Canesin Dal Molin
347. *Machado e Shakespeare: Intertextualidade*, Adriana da Costa Teles
348. *A Poética do Drama Moderno*, Jean-Pierre Sarrazac
349. *A Escola Francesa de Goegrafia*, Vincent Beurdoulay
350. *Educação, uma Herança Sem Testamento*, José Sérgio Fonseca de Carvalho
351. *Autoescrituras Performativas*, Janaina Fontes Leite
353. *As Paixões na Narrativa*, Hermes Leal
354. *A Disposição Para o Assombro*, Leopold Nosek

Este livro foi impresso na cidade de Cotia,
nas oficinas da Meta Brasil,
para a Editora Perspectiva.